Eva Meschede
Allein unter Freundinnen

PREMIERE

Eva Meschede

Allein unter Freundinnen

Rivalität zwischen Frauen

HERDER

FREIBURG · BASEL · WIEN

Originalausgabe

© Verlag Herder Freiburg im Breisgau 2008
Alle Rechte vorbehalten
www.herder.de
Satz: Weiß-Freiburg GmbH –
Graphik & Buchgestaltung
Gedruckt auf umweltfreundlichem,
chlorfrei gebleichtem Papier
Herstellung: CPI Moravia Books, Pohorelice
Printed in Czech Republic

ISBN 978-3-451-03015-4

Inhalt

Nachdem sie indessen ungefähr eine halbe Stunde lang gelaufen und wieder ganz trocken geworden waren, rief der Brachvogel plötzlich: Ende des Wettlaufs! Und alle drängten sich, noch ganz außer Atem, um ihn und fragten: ‹Aber wer ist Sieger?› Dies konnte der Brachvogel nicht ohne tieferes Nachdenken beantworten und so saß er längere Zeit hindurch da und legte den Zeigfinger auf die Stirn, während ringsum alles schwieg und wartete. Endlich sagte der Brachvogel: ‹Alle sind Sieger, und jeder muss einen Preis bekommen.›»

Alice im Wunderland

1. Vorwort

Kerstin feuert Lotte an, die gerade an die Schlüs-selstelle unter dem Dach klettert: «Los, komm, du schaffst das, zieh es durch!» Man hört Lotte fluchen, aber es gelingt ihr, die Tour durchzusteigen. Sie lacht glücklich, als Kerstin sie am Seil ablässt.

Kerstin und Lotte sehe ich jeden Dienstag in der Kletterhalle, die zwei Frauen könnten auch Schwestern sein, beide haben die langen braunen Haare zum Zopf gebunden, mit sexy Klettertops sind sie in gehobenen Schwierigkeitsgraden unterwegs. Da sehen alle gerne zu. Sie haben sich hier beim Sport kennen gelernt; sind nicht nur beste Freundinnen, sondern auch beste Rivalinnen geworden. Und – das ist etwas Besonderes: Sie geben es zu, dass sie in ihren unterschiedlichen Stärken konkurrieren. Lotte klettert gerne die schwierigen vertikalen Touren mit ganz kleinen Griffen und Tritten; die Balance zu halten ist ihre Meisterschaft. Kerstin ist besser in den Kraft raubenden, überhängenden Routen, sie hangelt sich am liebsten ganz oben unter der Decke der Kletterhalle entlang. Sie sind beide einen ganzen Schwierigkeitsgrad besser geworden, seit sie sich vor zwei Jahren kennen gelernt haben, versichern sie. Sie ergänzen sich perfekt und ihre Konkurrenz treibt sie zu besseren Leistungen an.

Es gibt Frauen, die Freundinnen sind und gleichzeitig Rivalinnen. Sie kennen den Wettbewerb untereinander, halten ihn aus und nutzen ihn als Coach. Es gibt sie nicht nur im Sport, sondern überall. Martina, die mit einer befreundeten Grafikerin Kundenzeitschriften entwirft, erzählt, dass die beiden sich vor zwei Jahren nach einem

Streit getrennt haben. Sie konnten sich nicht einigen, wer bei den Präsentationen die Chefinnen-Rolle übernimmt. Martina, die Texterin, hatte nach dem Krach bei einer Agentur auf eine feste Stelle angeheuert: « Nie wieder zu zweit mit der Freundin selbstständig!», hatte sie verkündet. Doch beide sind nicht glücklich geworden ohne einander, sie vermissten ihre Erfolge und die Freiheit zu zweit. Heute arbeiten sie wieder zusammen, sie haben ihre Rollen besprochen und wechseln sich ab. «Wir können jetzt ganz offen über unsere Rivalität reden», sagt Martina. Sie wissen jetzt, wie es geht.

Leider sind solche Beispiele die Ausnahme. Die meisten Frauen sagen zu mir: «Mit der Freundin konkurriert man nicht!» Viele behaupten sogar, mit Rivalität unter Frauen überhaupt nichts zu tun zu haben – weder im Beruf noch bei der Kindererziehung oder bei Schönheitsfragen. Sie sprechen über Konkurrenz, als handelte es sich um eine üble ansteckende Krankheit mit schrecklichem Ausschlag. «Ich hab das nicht», behaupten auch viele meiner besten Freundinnen.

Ein Phänomen, dem ich schließlich einmal genauer auf den Grund gegangen bin. Natürlich habe ich keine Sekunde an eine konkurrenzfreie Zone geglaubt. Ich brauchte nur den Fernseher anzuschalten und schon befand ich mich mitten auf dem Schauplatz eines gerade sehr aktuellen Wettstreits unter allen Frauen.

Konkurrenz auf allen Sendern

Neulich abends blieb ich mal wieder bei einer Talkshow hängen. Ich sah mehrere Frauen, die sich stritten – nicht nur eine einzelne Alibifrau neben der Moderatorin. Also musste es um ein sogenanntes «Frauenthema» gehen, zumal emotional die Fetzen flogen. Schon hörte ich, wie eine wieder mal die alte Leier der Hausfrauenfront anstimmte: Es sei wichtig, dass eine Mutter zuhause bleibe. Denn, so meinte sie, man sollte doch zur Verfügung stehen, zum Beispiel, wenn Söhne und Töchter mit wichtigen, bohrenden Fragen kämen. Da reiche eine «Qualitätszeit» am Abend nicht aus. Es müsse sofort eine Antwort her. Zum Beispiel auf die Frage: «Warum darf man Menschen eigentlich nicht einschläfern?» Die lasse keinen Aufschub zu. Na toll, dachte ich, das mit dem Einschläfern hat meine Tochter nie gefragt, und wenn, dann hat die Erika im Kindergarten darauf sicher auch eine Antwort gehabt. Ich begann mich trotz später Stunde zu ärgern, denn die Vorzeige-Mutti da im Fernsehen sagte mir, ich sei eine schlechte Mutter. Sie suggerierte, dass es eine zwingende Notwendigkeit für alle Mütter sei, immer da zu sein und auch auf die seltsamsten Fragen der Kids eine Antwort zu haben. Die Antwortmaschine am heimischen Herd müsse ständig zur Verfügung zu stehen, ansonsten könne die Abwesenheit den Kleinen nur schaden. Sie beschwor quasi traurige Kinder mit großen, tränenvollen Kulleraugen herauf, die plötzlich total einsam in Krippen, Kindergärten, Horten, Kitas oder Schulen die alles entscheidende Einschläferfrage stellten, die niemand klären kann, außer Mama. Die sich aber gemeinerweise gerade woanders vergnügt. Im Beruf natürlich. Wo sonst hat man richtig viel Spaß?!

Man sieht sie in letzter Zeit häufig, solche streitenden Rivalinnen im Fernsehen. Es ist eine Freude zuzusehen, weil es immer so richtig schön rundgeht; mit diesen Frontfrauen, die sich in der Öffentlichkeit bei vermeintlichen Frauenthemen zu Fürsprecherinnen einer ganzen Gruppe machen. Bisheriger unübertroffener Höhepunkt: der Rauswurf einer Bücher schreibenden Nachrichtensprecherin, die sich zur Übermutter der Nation ernennen wollte, indem sie alle Frauen dort hinschicken wollte, wo sie selbst zu selten war: heim, zu Kind und Herd.

Es gibt einen aktuellen heißen Wettbewerb unter Frauen. Sicher konkurrieren wir auch weiterhin auf klassischen Terrains, ums Aussehen, Männer, wohlgeratene Kinder und auch schon länger um den besseren Job. Aber wirklich verschärft hat sich die Rivalität in den letzten Jahren auf einem anderen Gebiet. Die alles entscheidende Frage lautet: Spieglein, Spieglein an der Wand, wer hat das beste Lebensprogramm im Land? Ein Streit, der uns Frauen sicher schadet und zurückwirft. Denn wir verlieren dabei das Ziel aus den Augen: endlich frei entscheiden zu können, wie wir leben wollen, und zwar gleichberechtigt mit den Männern. Das war es doch eigentlich, oder? Von der guten alten feministischen Schwesterlichkeit kann heute keine Rede mehr sein. Zumal selbst die Feministinnen gerade total zerstritten sind. So warf Oberschwester Alice Schwarzer kürzlich einigen jüngeren Frauen, die auch gerne zur Emanzipation inhaltlich etwas beitragen wollten, vor, sie betrieben «Wellness-Feminismus».

Warum streiten Frauen eigentlich nicht annähernd erbittert um Themen wie Steuern, Renten oder Mindestlohn? Oder wenigstens mit Männern um gleiche Bezahlung im

Job? Nein, sie beackern immer wieder angebliche Frauengebiete – zum Beispiel das Thema Unterhaltsrecht. Männer bezahlen nach einem neuen Gesetz vor allem für ihre Kinder, für die Exfrau nur noch, bis das Kind drei Jahre alt ist. «Sind Frauen die Dummen?» lautete das Motto einer Talkshow, zu der ich eingeladen war. Eine gute Frage, finde ich; besser noch wäre sie als «Machen sich Frauen zu Deppen?» gestellt. Denn warum ist das eigentlich kein Männerthema?

Meine TV-Gegnerin an diesem Abend: Michaela Freifrau Heereman, seit 38 Jahren verheiratet, Mutter von sechs Kindern. Sie ist eine von den Überzeugungstäterinnen; wann immer es die Rolle der Hausfrau zu verteidigen gilt, bietet sie in Talkshows angeblich karrieresüchtigen Gegnerinnen die Stirn. Streitet für eine heilige deutsche Familie, in welcher der Frau keine «ehebedingten Nachteile» entstehen dürften.

Sie tingelt durch den TV-Zirkus und verteidigt die Mütterlichkeit. Immer, wenn in dieser Hinsicht Bedarf besteht, wird sie eingeladen. Es gibt unzählige solcher vermeintlicher Frauenthemen und Runden; meine Auswahl ist willkürlich. Zwei Wochen später etwa ging es auf einem anderen Sendeplatz um das Thema Betreuungsgeld, das Mütter oder Väter bekommen sollen, wenn sie zuhause bleiben. Wieder waren es die üblichen Verdächtigen, die eingeladen waren. Wieder ging es im Grunde darum: Wie viel Mutti braucht das Land? Wieder war Freifrau Heereman dabei. Wieder wurde um das Gleiche gestritten. Lieber Himmel, frage ich mich, warum ist nur dieses verstaubte Hausfrauenthema wieder so interessant? Nicht nur in den Medien, sondern auch in privater Runde unter Freundinnen – überall wird er ausgetragen, dieser Frauenstreit.

Dabei brauchen wir dringend Verbündete, Freundinnen im Kampf um die größtmögliche Entscheidungsfreiheit für uns. Stattdessen gibt es diesen Kampf, bei dem jede gegen jede um ein Lebensmodell streitet, das der Vergangenheit angehört. Warum überhaupt dieses Gerangel um eine einzige Wahrheit, die es ohnehin nicht gibt? Warum ist im Zweifelsfall immer das schlecht und schädlich, was die andere macht? Jede zieht an ihrem eigenen Strang. Da treten Vollzeitmütter gegen berufstätige Mütter an, Teilzeitarbeitende gegen Karrierefrauen, Kinderlose gegen Mütter, Verheiratete gegen Unverheiratete, junge Mütter gegen späte, Jungsmütter gegen Mädchenmütter und so weiter und umgekehrt.

Bei jeder sich bietenden Gelegenheit wird der anderen das schlechte Gewissen zugeschoben; eine Taktik, die bei uns Frauen besonders gut wirkt. Hausfrauen-Mütter beschwören Horden verwahrloster, gewalttätiger, übergewichtiger, drogensüchtiger Kinder herauf. Arbeitende Mütter benutzen gerne das Wort «Versorgungsprostitution», um Vollzeitmüttern, die als «Leiterin eines kleinen Familienbetriebs» um Aufmerksamkeit ringen, eins auszuwischen. Und sie fragen: «Was macht die eigentlich den ganzen Tag daheim – Nägel feilen?»

Mütter, die erst dann wieder arbeiten, wenn der Nachwuchs in den Kindergarten gehen kann, machen gegen Krippenbetreuung mobil, denn das ist ja nun wirklich zu früh. Frauen, die sich schon früher wieder hinaus in den Beruf wagen, schimpfen andere Glucken. «Mütterkriege» oder «Gluckenmafia gegen Karrierehühner» heißen Bücher zu diesem Thema. Und schon allein der Streit, ab welchem Alter ein Kind Fremdbetreuung verträgt, treibt seltsame Blüten: Am besten sei es, wenn die Mutter schon ab dem zweiten Schwangerschaftsmonat in Mutterschutz gehe, meint etwa die erbitterte Krippengegnerin Christa Meves. Die Kinderpsychotherapeutin warnt, die «Dressur in Massenpflegung» – also in Krippen und Kindergärten, produziere bindungsgestörte Kinder –, die unter «Schizoidie, Panikattacken, Borderline-Not und anderem seelischen Elend leiden». Würden Kinder zu früh von der Familie getrennt, riskiere man, «dass sie Aliens werden, die nicht wissen, wo ihr Platz ist», warnt in die gleiche Richtung Bestsellerautorin Anna Wahlgren. Ein Albtraum das alles.

Karriere-Mütter, die sich trotz Kind nach ganz oben in die Chefetage gearbeitet haben, beißen die Zähne zusammen, lächeln tapfer, geben zwar zu, das sei ja alles nicht ganz einfach, aber doch durchaus zu schaffen. Um gleich anderen Frauen einen Schlag zu verpassen: Sie verstünden nicht, warum sich so viele Frauen mit der Geburt eines Kindes auf ein karrierefreies Berufsleben zurückzögen. Solange Frauen das nicht wirklich wollten, werde es nie mehr von ihnen in Spitzenpositionen geben und sich die Gleichberechtigung der Geschlechter niemals einstellen.

Kinderlose Frauen kommen auch nicht ungeschoren davon; sie müssen sich anhören, sie seien im Gebärstreik, betrieben, von Nachwuchs völlig unbeschwert, auf Kosten von Eltern Abzocke im Arbeitsleben und ließen sich von anderen die Rente finanzieren. Überhaupt, um ganz Frau zu sein, brauche eine Frau ein Kind. Eine ohne Kind verstehe die Welt ja nicht. Sie kann eigentlich als Frau kaum gute Arbeit machen, das scheint global so abgemacht. So warf die demokratische Senatorin Barbara Boxer in einer Irak-Anhörung der amerikanischen Außenministerin Condoleezza Rice vor, sie könne als unverheiratete, kinderlose Frau die Folgen des Krieges gar nicht nachfühlen, schließlich müsse sie ja nicht um Soldatensöhne fürchten: «Sie werden ja keinen besonderen Preis zahlen», rief Boxer. Das ist speziell weibliche Rivalität. Welcher männliche Minister muss seine schlechte Politik schon mit der Zahl seiner Kinder rechtfertigen? Was hat die Kinderlosigkeit von Rice mit ihrem Irrweg beim Irak-Krieg zu tun?

Umgekehrt zeigen viele kinderlose Chefinnen wenig Verständnis, oft weniger als Männer, wenn Mütter flexible Arbeitszeiten brauchen oder ihr Kind schon wieder mal krank ist. Das sei unkollegial, musste sich eine Freundin von ihrer Chefin anhören, als ihr vierjähriger Sohn zum dritten Mal im Jahr hohes Fieber hatte und sie nicht zur Arbeit gehen konnte. Karrierefrauen ohne Kinder werfen Müttern gerne Steine in den Weg, nach dem Motto: Du kannst nicht alles haben, musst dich schon entscheiden, Kind oder Karriere. «Wenn ich als Mutter pünktlich gehen muss, wird das von den anderen oft so aufgefasst, dass mir die Arbeit nicht mehr so wichtig ist», erzählt eine Journalistin, die bei einer Tageszeitung arbeitet und deren Chefin im Ressort eine Frau ist. Das Buch für die streitbare Frau ohne Kind ist auch schon da, Corinne Maier beschreibt in «No Kids: 40 Gründe, keine Kinder zu haben», wie einem die Blagen zwanzig Jahre lang am Rockzipfel hängen, Körper, Sexleben und Freundschaften ruinieren.

Wenn eine Frau, wie Familienministerin Ursula von der Leyen, sieben Kinder hat, verheiratet ist, und trotzdem Karriere macht, dann wird unterstellt, dass sie wohl genug Geld für Kindermädchen hatte, Beziehungen oder irgendetwas anderes, das ihren Erfolg schmälern müsste.

Berufstätige verheiratete Mütter jammern, alleinerziehende Mütter nähmen ihnen die Krippenplätze weg, weil sie auf der Liste bevorzugt würden; Single-Moms klagen, Kinder verheirateter Eltern würden bei der Ganztagsbetreuung bevorzugt, ihre eigenen vaterlosen Kinder gleich von vornherein als Problemkids benachteiligt. Frauen, die über 35 ihr erstes Kind bekommen, werden als überengagierte Spätgebärende belächelt. Über junge Mütter wird der Kopf geschüttelt, weil sie Kinder bekommen, ohne vorher mit einem Beruf ihr Leben abgesichert zu haben: Musste das denn sein? Wollen wir deren Leben finanzieren?

Chefinnen mit Kindern unterstützen nur bedingt andere Mütter. Eine Bekannte von mir hatte sich bei einer kleinen PR-Agentur vorgestellt, als stellvertretende Geschäftsführerin. Das Gespräch lief super, bis die Chefin, selbst Mutter einer 10-jährigen Tochter, hörte, dass die Bewerberin ebenfalls Mutter ist. «Schaffen wir das denn?», fragte sie zweifelnd. Um dann ganz offen zu sagen, dass sie lieber einen Mann hätte, der zeitlich ja flexibler sei. Wenn eine schon wegen Familienpflichten über knappe Zeit verfügt, meinte sie, dann brauche es nicht noch eine Zweite.

Von Solidarität keine Spur: Irgendwie scheint nach der Ära der vorgetäuschten Schwesterlichkeit der Feministinnen, als es das klare Feindbild Mann noch gab, den Frauen untereinander die Toleranz abhandengekommen zu sein. Die alten Rollenbilder sind zertrümmert, neue gibt es zu viele und sie stehen noch nicht auf sicherem Fundament. Vorbilder für ein modernes Frauenleben gibt es wenige. Doch anstatt uns gegenseitig beim Aufbau zu unterstützen, ziehen wir uns lieber gemeinsam den Boden unter den Füßen weg. So behauptet da jede über das eigene Leben: «Meins ist gut, und was die anderen machen, muss falsch sein.» Und begibt sich auf die Suche nach den passenden Argumenten. Jede macht die Leistung einer anderen nieder. Um uns selbst größer zu machen, als wir eigentlich sind?

Es geht hier aber nicht um Details, wie etwa den lebenslangen Unterhalt für die Exfrau, die ungerechte steuerliche Vergünstigung des Ehegattensplittings. Oder um das Betreuungsgeld für Mütter, die mit Kindern unter drei Jahren zuhause bleiben. Es geht nicht allein um Themen wie: Wie viel Teilzeit verträgt mein Kind? Gibt es eine Gebärpflicht für deutsche Frauen? Welche Hausfrau braucht die Küche? Darf eine Mutter Managerin werden?, oder was bei diesem Streit noch alles an Zündstoff drin steckt. Man muss genau hinsehen, denn es geht um etwas Wichtiges: Wie sollen Frauen heute leben? Darf es viele verschiedene Wege zum Glück geben, mit Karriere oder ohne, mit einem Kind oder mit vielen, oder gar ein Leben mit allem? Haben wir die Freiheit, zu wählen? Meistens leider nicht.

Mein Buch wird zeigen, dass immer da, wo die Möglichkeiten für Frauen eingeschränkt sind, die Konkurrenz besonders hart ist. Frauen bekämpfen sich untereinander, hacken sich gegenseitig weg vom Futtertrog, statt dafür zu sorgen, dass für alle genug da ist. In den Bereichen Familie, Kinder und Karriere ist es an der Zeit, den Männern etwas streitig zu machen, statt sich gegenseitig mit sinnlosen Vorwürfen zu attackieren. Doch Frauen suchen sich Rivalinnen lieber erst mal beim eigenen Geschlecht.

2. Geliebte Freundinnen

Bille oder: wer hat die Hosen an?

Die eine Hose ist eine geflickte, ausgewaschene, knallenge Jeans, Größe 34. Die andere eine (noch) hautenge, glänzende, schwarze Stretchsatin-Hose, Größe 36. Letztere, die etwas größere, gehört meiner Freundin Bille. Und ich glaube, es war ihre Idee, dass wir die Hosen tauschen sollten. Es ist meine Lieblingsjeans, aber Bille ist meine beste Freundin im Wissenschafts- und Partydschungel der Universitätszeit, eben wichtiger als dieses zerfetzte Kleidungsstück. Ich willige ein: «Für vier Wochen», dann sollen die Hosen zurückgegeben werden. So ist es ausgemacht, denke ich. Und in dem Moment, in dem Bille mit meiner Hose abzieht, tut es mir schon leid.

Vielleicht hätten wir es gelassen, wenn wir gewusst hätten, dass diese Aktion uns an den Rand unserer Freundschaft treiben sollte. Dass für immer so etwas wie eine ausgelassene Naht zwischen uns stehen würde. Die Hosen waren im Grunde nur ein Symbol für unsere nicht eingestandene Rivalität. Eine schwarze Satinhose, die um einen 34er-Hintern schlabbert, sieht nicht sexy aus. Und eine 34er-Jeans, in die ein 36er-Hintern gequetscht wird, führt zu Atemnot. Keine passte in die Hose der anderen. Bille hungerte, um in meine Hose hineinzukommen; ich legte ihr gutes Satin-Teil unter die Nähmaschine und schneiderte es enger. Trotzdem sah ich in der sexy Hose aus wie eine Kandidatin der Mini-Playback-Show. Nach drei Wochen wollte ich meine Gammel-Jeans zurück, zumal es Bille noch nicht geschafft hatte, sie länger als eine Stunde am Stück zu tragen. Ich ließ die Naht an der Satinhose wieder aus und forderte meinen Fetzen retour. Nun war Bille richtig beleidigt, ihre eigene Hose gefiel ihr nicht mehr. «Man sieht die ausgelassene Naht», behauptete sie. Sie würde sie nie wieder anziehen. Jahre später wird sie sagen, ich hätte ihr diese alte Jeans doch gönnen können.

Meine Freundschaft zu Bille ist schon lange vorbei. Es gab keinen großen, alles beendenden Krach, kein dramatisches Finale. Nach der Sache mit den Hosen versuchten wir so weiterzumachen, als wäre nichts geschehen. So wie Liebespaare manchmal vergeblich versuchen, über einen Seitensprung hinwegzukommen. Nach der Hosensache haben wir aber angefangen, uns langsam aus unserer Freundschaft fortzuschleichen, wie es so häufig in Frauenfreundschaften geschieht.

Ich hatte Bille zum ersten Mal in einem Seminar für Kommunikationswissenschaften gesehen. Wir waren beide gerade 19 Jahre alt und zum Studieren von zuhause weggegangen. Beide auf der Suche nach neuen Freunden. Dass es so einsam sein könnte an der Uni, in einer neuen Stadt, in der ersten eigenen Wohnung, das hatten wir vorher nicht geahnt: «Freundin verzweifelt gesucht» war unser Motto.

Bille fiel mir auf, weil sie im Erstsemester-Seminar sogar schon wusste, was Systemtheorie ist. Sie hatte schon einige Bücher der Literaturliste gelesen, und der Dozent kannte sie bereits nach der zweiten Stunde mit Namen: «Frau Schmitt», sagte er immer, ansonsten kannte er keine andere Studentin mit Namen, nur noch zwei ältere männliche Seminarteilnehmer. Bille war hier eine Ausnahmeerscheinung: sexy, damenhaft gekleidet und schon mal mit einem auffälligen Simone de Beauvoir-

Turban auf dem Kopf, geschminkt, mit lackierten Fingernägeln. Ich dagegen war eher eine unauffällige Erscheinung, angepasst im Späthippie-Stil, mit Jeans und blauem, schwarzem oder grauem T-Shirt, wie die meisten Studenten, mal abgesehen von den Strebern in Anzug. Oder den Verrückten – wie Bille eine war. Sie hatte etwas zu sagen, sie war laut, an ihr kam keiner vorbei.

Die, die so anders war als ich, interessierte mich: «Die will ich kennen lernen», dachte ich. Und das sollte ich schon bald. Gesucht und gefunden, wir sahen uns oder telefonierten fast jeden Tag. Wir meldeten uns zusammen für die Zwischenprüfung an, fielen zusammen durch, lernten zusammen und feierten Studentenpartys.

Wir wurden innige, enge Freundinnen, fanden die Mehrzahl unserer Kommilitonen blöd, Nina Hagen, Punk und Frank Zappa toll, das Studium langweilig, Party bis zum Morgengrauen super.

Allerdings waren wir auch Rivalinnen. Uneingestanden. Bille nannte die vielen Dates, die sie hatte, «Kerben». Kerben, die man in den Bettpfosten schnitzt: «Verstehe gar nicht, wie du so ganz ohne Kerben auskommen kannst», sagte sie zu mir. Der Stachel saß, war ich doch viel harmloser in dieser Beziehung und eher auf der Suche nach Mr. Right als nach Kerben. Jedenfalls zog ich eines Nachts im Fasching los, ohne Bille zu informieren. Kostümiert im Geisha-Look gab es ein klares Ziel für diesen Abend: die Aufmerksamkeit einer von Bille bisher vergeblich anvisierten Kerbe zu erregen. Der Kerl war ein dummer, arroganter, großer, langhaariger Typ, Student mit Cowboystiefeln und weißen Jeans; eigentlich gar nicht mein Fall. Doch ich erreichte mein Ziel und noch heute kann ich mich hämisch freuen, wenn ich an das Telefongespräch denke, das ich am nächsten Tag mit

Bille führte. «Mit wem hast du eine Verabredung?», rief sie in den Hörer. Ich lachte innerlich schadenfroh.

Wir konkurrierten um Männer, um Freunde, um Noten, um wildes Leben und ums Aussehen. Ich wäre gerne so wie Bille gewesen, weiblicher, mit mehr Busen und mehr Hüfte. Ich hätte gerne so glatte schwarze glänzende Haare gehabt wie sie statt meiner krausen braunen. Ich wäre aber vor allem auch gerne so auffällig gewesen wie sie, so extrovertiert. Mich übersah man eher.

Bille machte in einer Bar bei einem Wettbewerb mit; Leute kopierten ihre Stars. So eine Art «Der Club um die Ecke sucht den Superstar». Bille sang also in einer verrauchten Rockkneipe auf der Bühne Nina Hagen, wackelte mit dem Hintern, stolzierte mit High Heels über die Bühne: «Warum soll ich meine Pflicht als Frau erfüllen, für wen?» Ich wusste nicht, wie ich das fand. Peinlich oder gut? Zudem kannte sie den Text nur von mir, ich sang ihn immer, es war mein Lied. Was Musik anging, hatte Bille gar keine Ahnung. Das wäre eigentlich meine Show gewesen. Oder nicht?

Bille gewann und ich sagte ihr, dass ich mich in der Öffentlichkeit nie so produzieren würde. Das stimmte zwar, aber nur deshalb, weil ich mich nie getraut hätte. So ein Auftritt lag einfach nicht im Bereich meiner Möglichkeiten, schon allein die High Heels hätten mir damals Probleme bereitet. Ich musste es noch ein paar Jahre üben. Nachdem ich ihr erklärt hatte, dass ich sie irgendwie peinlich fände, kam sie mir beleidigt vor.

War ich neidisch? Das kann man wohl sagen. Wir waren beide neidisch. Ich wollte so sein wie Bille. Und Bille wollte wie ich sein, dünn, zierlich, mädchenhaft eben. Sie wollte vor allem jemand sein, für den das Wort Diät ein Fremdwort ist. Bille hungerte, um in meine geflickte

Jeans zu passen. Ich wusste diesen Erfolg zu verhindern und nahm ihr die Hose wieder weg.

Schluss, aus und «Ende» haben wir nie gesagt. Lange fragte ich mich, warum wir dann gar keinen Kontakt mehr hatten, waren wir doch einmal unzertrennlich gewesen. Viele Jahre, ein paar Männer und Kinder später, trafen wir uns nach langer Pause ein einziges Mal wieder. «Die Hose», sagte Bille, «die Hose hättest du mir doch lassen können.» Ganz sicher hätte sie irgendwann hineingepasst. In meine Hose.

Konkurrenzlos glücklich

Wir wissen nicht, was wir tun? Ich glaube es nicht. Wir wollen es nicht zugeben, dass wir ständig konkurrieren, auch mit der allerbesten Freundin. Es gibt immer etwas, das die andere hat, was man selbst gerne hätte, und sei es eine geflickte alte Jeans oder sexy Kurven. Konkurrenz ist überall, doch wir Frauen mögen uns ihr nicht stellen. Mit der Freundin reden wir ganz offen über alles und jeden, nur nicht miteinander über unsere Beziehung.

Im Mädchenzimmer ist mal wieder Innigkeit angesagt. Meine 13-jährige Tochter hat ihre Freundin da. Sie kuscheln auf dem Sofa und sehen sich auf einem winzigen DVD-Player Videos an. Ich höre sie kichern, flüstern, sie sind unzertrennlich. Lena soll übernachten, verlangt die Tochter, eigentlich will man sich nie mehr trennen.

Zwei Woche später: «So geht das mit Lena nicht mehr weiter», sagt meine Tochter beim Abendessen. «Jetzt hat sie nur deshalb einen Arbeitskreis aufgemacht, weil ich auch einen leite». Lena, das ist seit der 5. Klasse immer mal wieder die «beste Freundin». Die Betonung liegt auf immer mal wieder. Ich beobachte das mit großem Interesse, denn nie hat man einen so unverstellten Blick auf weibliches Verhalten wie bei Teenagern. Sie üben soziales Verhalten für das Erwachsenendasein und es wird noch offensichtlicher gerangelt, konkurriert und gekämpft. Lena ist über die drei Jahre Gymnasiumszeit immerhin eine so gute Freundin meiner Tochter, dass mein Teenager sie zwei Mal in den Sommerferien mit zu ihren Großeltern genommen hat. Aber Lena ist auch eine große Konkurrentin, beim Lesewettbewerb standen die beiden sich als knallharte Gegnerinnen im Finale der Schule gegenüber. Abwechselnd ist mal die eine und mal die andere Klassensprecherin. «Pfff, beste Freundin», gähnt die Tochter extra gedehnt, «außerdem macht sie mir alles nach, jetzt hat sie auch einen roten Schal.» Dass die andere die Stilsichere, das hippe Vorbild ist, würde Lena sicher nicht so sehen; besonders auf diesem Gebiet herrscht gnadenlose Konkurrenz. Schade eigentlich, dass sich dieser Mädchenstreit so gar nicht auf gute Noten bezieht, denke ich, dann hätte er immerhin einen Nutzen. So führt er nur zu Zweifeln: Das kann nicht die beste Freundin sein, wenn sie immer auf das aus ist, was ich habe. «Rede doch mal mit Lena», schlage ich vor und ernte nur verdrehte Augen. Da gibt es nichts zu reden. Ob Lena wohl weiß, wie sehr ihre Freundin gerade grollt?

Ich treffe meine frühere Schulfreundin Cordel in meiner Heimatstadt. Fünf Jahre haben wir uns nicht mehr gesehen, seit dem letzten Klassentreffen. Ich will mit ihr über Konkurrenz reden. «Hör auf», sagt sie, «ich mag keine Konkurrenz unter Frauen, da ziehe ich mich sofort zurück.» Wir hätten doch damit nie etwas zu tun gehabt, meint sie, wir hätten uns doch sogar die gleichen Sachen genäht, mit dem gleichen bunten Stoff die Jeans geflickt. «Wir waren doch ein Herz und eine Seele.» Ich weiß nicht – im Rückblick sieht unsere Mädchenfreundschaft ja so rosa aus wie die Hot Pants, mit denen wir damals im Doppelpack durch die Stadt staksten. Um Noten haben wir sicher auch nicht konkurriert. Aber gab es da nie Rivalität unter uns, oder wollten wir das bloß nicht wahrhaben? Und warum hat Cordel ein Problem mit dem Thema? War da nicht mal was, ein Wettstreit, wer zuerst einen Jungen küsst? Ich frage sie. «Das ist doch keine Konkurrenz.» Cordel lacht, mit ihr kann man nicht über dieses Thema reden. Wie so viele Frauen sagte auch sie mir: Mit der Freundin konkurriert man nicht.

Freundschaft und Konkurrenz passen angeblich nicht zusammen, bei Frauen ist das ein Tabu. Frauen gelten, wenn sie im Wettbewerb stehen, als unerbittlich, gemein und vor allem intrigant. Wir kennen uns selbst gut und besonders die anderen. Zicken eben. Stutenbissige. Das sollte natürlich unter Freundinnen nicht so sein.

Aber fast alle Frauen, mit denen ich spreche, haben Geschichten zu erzählen, von harten Kämpfen, elenden Gemeinheiten, vor allem von bösen Überraschungen unter Frauen. Konkurrenz unter Frauen sei unvergleichlich härter als Konkurrenz unter Männern, meinen alle. Aber unter Freundinnen? Gibt's nicht. «Weißt du», sagt eine, die im Fight gegen eine Freundin ihren Job verloren hat, «hinterher habe ich mir überlegt, ob wir überhaupt je Freundinnen waren.» Eine andere Enttäuschte sagt: «Die war nur eine gute Bekannte.» Scheint so eine Art Bewältigungsstrategie zu sein, eine Freundin später verschämt einfach nachträglich aus der Freundesliste zu streichen und aus dem eigenen Leben verschwinden zu lassen. Kommt mir unsportlich vor. Bei meiner 13-jährigen Tochter hat das Hoch- und Herunterstufen jedenfalls Dynamik. Lena erfährt heute ein Upgrade, und morgen spielt sie nur noch eine Nebenrolle.

Keine Konkurrenz unter Freundinnen? Das hätten wir gerne. Wie schön wäre es, gäbe es nur Harmonie zwischen uns. Niemals Streit und schon gar keine Rivalität. Wenn doch, dann kann das keine Freundin gewesen sein. Dass das Ideal der globalen Schwesterlichkeit nie Wirklichkeit wird, haben wir schon erkannt. Es gibt Konkurrenz unter Frauen, okay. Aber kann man auch zu einer Rivalin eine gute Beziehung haben? Kann sie womöglich die beste Freundin sein? Wettstreit unter Frauen ist verpönt – wenn man kämpft, dann kann man sich nicht mehr lieb haben, so die weibliche Ansicht. Es gibt nur die Freundin oder die Feindin. Und dazwischen, da verfolgen wir einige interessante Strategien. Es lohnt sich, die einmal genauer zu betrachten, diese dunklen Machenschaften. Die Freundin einfach nicht mehr als Freundin zu bezeichnen ist nur eine davon.

Bist du meine Freundin?

Was ist überhaupt eine Freundin? Muss man sie jeden Tag anrufen? Erzählt man ihr alles? Wie viele gemeinsame Interessen sollte man haben? Sich wie oft treffen? Wie lange muss man sich kennen? Manche haben eine beste Freundin, die sie nur einmal im Jahr sehen. Andere telefonieren jeden Tag. Manche haben viele Freundinnen, andere nur die eine Einzige. Manche sind mit der Kollegin befreundet, für andere ist das, wie Liebe im Büro, ein Tabu. Was eine Freundin ist, darüber lässt sich keine allgemeingültige Regel aufstellen. Die Wissenschaft immerhin hat drei Grundvoraussetzungen festgemacht, die für eine Freundschaft erfüllt sein müssen: Intimität, Exklusivität und Intensität. Das geht auch per Telefon.

Wir reden, stundenlang. Das muss manchmal sein, das Reden mit einer Freundin ist das wichtigste Merkmal. Wenn Kinder, Männer, Arbeit oder weite Entfernung uns vom persönlichen Treffen abhalten, dann reden wir eben in den Hörer, bis die Ohren glühen, die Stimmbänder versagen. Könnte womöglich die Länge der Bandwurm-Gespräche ein Indikator für Freundschaft sein? Meine Tochter jedenfalls ist gerade ins Freundin-Telefonitis-Alter gekommen, sie übertrifft mich um ein Vielfaches: Sie telefoniert, telefoniert, telefoniert. Mit sehr vielen «Freundinnen», die genau über ihr Leben Bescheid wissen müssen. Ohne Telefon wäre es ein trauriges Leben. Wir haben eine Flatrate, sonst wären wir bereits verarmt.

   Dass befreundete Frauen viel miteinander reden, bestätigt eine Studie der Psychologin Elisabeth Auhagen. Sie hätten eben deshalb auch viele Kontakte über das Telefon.

Worüber Frauen da stundenlang sprechen, hat wiederum die Forscherin Michaela Huber herausgefunden: Sie suchen vor allem Verständnis, Zustimmung und bestätigen sich gegenseitig selbst. Offenbar brauchen wir viel Bestätigung. Probleme werden sehr oft erst mit einer Freundin und dann mit dem Partner oder der Familie besprochen. Häufig werden aber auch nur fröhlich Alltagsbanalitäten ausgetauscht. Uns geht es gut. Wir bleiben auf dem Laufenden. So gehört sich das unter Freundinnen.

«Ich habe mir gestern die zukünftige Krippe von Jakob angeschaut», sagt meine Freundin Anja am Telefon. Alles sei durchgeplant, selbst die Klobürste habe ein Konzept, jede Gruppe habe zusätzlich eine Betreuerin, die nur Englisch mit den ein- bis dreijährigen Kindern spreche, «sonst geht das Zeitfenster für das Erlernen dieser Sprache zu. Bumm», sagt Anja. «Ich finde, du solltest dich dafür einsetzen, dass auch eine Chinesin die Kinder betreut, kaum auszudenken, dieses Zeitfenster schlüge ungenutzt zu», sage ich. Wir beide sind Gegnerinnen dieses so modernen, überengagierten Erziehungskonzepts und schaffen es nun, mindesten eine halbe Stunde, oder war es eine ganze, gut gelaunt und begeistert abzulästern, uns zu bestätigen, dass wir auf dem richtigen Weg sind, im Besitz der Wahrheit. Wir machen uns etwas Sorgen, ob es Jakob schaden kann, wenn er schon mit Englisch vollgesabbelt wird, obwohl er noch nicht mal Deutsch spricht, wenn er mit elf Monaten in die Krippe kommt. Ob Kinder in dem pädagogisch verordneten babylonischen Sprachchaos auch untergehen können? Ach nein, wahrscheinlich wird das trendige Kinderexperiment völlig an dem Kleinen vorbeigehen. Wir sind uns einig und deshalb sind wir Freundinnen. Wir sind beruhigt.

Solange man von einem strahlenden Telefon keinen Gehirntumor oder Ohrenentzündung bekommt, ist das stundenlange Reden sogar richtig gesund, das hat die Wissenschaft festgestellt: Der Mensch in allen Kulturen braucht drei gute Freunde und in unserer mobilen Zeit vor allem viele Telefongespräche. Das haben australische Forscher in einer Langzeitstudie herausgefunden. Sie fragten die Probanden, wie viel telefonischen und persönlichen Kontakt sie zu ihren Freunden hätten, und stellten fest, dass diejenigen am längsten lebten und gesund blieben, die am meisten Kontakt zu ihren Buddies hatten. Dabei spielte es keine Rolle, ob die Freunde weggezogen waren und der persönliche Kontakt eingeschränkt war – das Telefon reichte. Also sind wir Frauen mit den Freundinnnen-Telefonaten auf dem besten Weg zu einem langen Leben.

Wie überlebenswichtig Freunde sind, bestätigt mittlerweile auch die Hirnforschung, die Glück messbar machen will, indem sie feststellt, wann sogenannte Botenstoffe ausgeschüttet werden. Solche Untersuchungen sind im Moment als Beweis für alles Mögliche sehr modern. Für die Botenstoffe Dopamin, Oxytozyn und Opioide sorgt das Gehirn, damit wir glücklich sind, gesund bleiben, und um uns zu motivieren. Und diese Stoffe fließen in Höchstkonzentration durch unseren Körper, wenn wir mit anderen Menschen zusammen sind. Ohne soziale Kontakte stürzt das Motivationssystem des Menschen ab – er wird depressiv, aggressiv, krank. Von «gelingender Bindung», die der Mensch braucht, spricht etwa der Neurobiologe und Medizinprofessor Joachim Bauer. Er meint damit nicht, dass eine Ehe klappen muss oder ähnlich Kompliziertes, sondern dass wir überhaupt jemandem nahe sein können. Dass wir einfach gute Freunde sein können. Bei Depressiven zum Beispiel liegt das Dopaminsystem am Boden, das lässt sich messen. Die stärkste Droge für einen Menschen ist laut Bauer der andere Mensch.

Ich glaube, für eine Frau ist das sogar noch entscheidender, ohne mindestens eine beste Freundin ist sie verloren. Frauen wissen sowieso ganz genau, dass sie Freundschaften brauchen: In einer Studie fragte die Zeitschrift «Brigitte» junge Frauen, was ihnen wichtig sei. An erster Stelle standen mit 91 Prozent die Freunde. Es folgten mit 87 Prozent Eltern und Familie vor der finanziellen Unabhängigkeit (85%). Die feste Beziehung folgte erst auf Rang sechs mit 77 Prozent, guter Sex war nur für 54 Prozent wichtig. Freunde, vor allem Freundinnen, sind den Frauen also teuer, sogar viel wichtiger als eine Partnerschaft. Gut so, denn der Lover ist ja auch nicht selten schneller Vergangenheit als die Freundin. Frauen-Freundschaften dauern oft länger als Liebesbeziehungen und sie bieten ein riesiges Potenzial: Sie helfen uns bei der persönlichen Entwicklung und sind eine unverzichtbare Stütze in schwierigen Situation.

Auf Ehen oder Partnerschaften kann man sich nicht mehr verlassen, sie zerbrechen schnell. Der lebenslange Traumprinz ist nur noch etwas zum Träumen. Frauen haben mitbekommen, dass es mittlerweile mehr serielle als lebenslange Monogamie gibt. Rosarote Verliebtheit geht vorbei, Beziehungen müssen erarbeitet werden, auf die Liebe ist kein Verlass. Es lässt sich natürlich auch statistisch belegen, dass Liebe nicht annähernd wie Marmor, Stein und Eisen hält, sondern eher bricht: Im Schnitt hat der deutsche Mensch mehr als acht Sexualpartner im Leben. Zeiten mit festen Beziehungen werden immer wieder von Singlephasen unterbrochen. Eine Dreißigjährige hat im Durchschnitt bereits bis zu vier Partnerschaften hinter sich. In so wechselhaften Zeiten brauchen wir Verlässliches: Mindestens ein paar Freunde. Als Frau eine, zwei oder drei sehr gute Freundinnen. Und zwar dringend. Denn die ersetzen spätestens im Notfall die Familie, die mittlerweile zu einem großen Unsicherheitsfaktor geworden ist; ein Wackelkandidat auf schwankendem Boden. Selbst unsere Eltern sind vor später Scheidung nicht gefeit.

Du bist so wichtig

Kürzlich fragte ich meine ehemalige Klassenkameradin Gitte, was sie denn beruflich noch so vorhabe. Sie ist Single, hat keine Kinder und arbeitet erfolgreich als Ärztin in einem kleinen Ort in Norddeutschland. Es gibt viele Chancen für sie auf der Karrierespur; Onkologie, ihr Fachgebiet, ist gefragt. «Ach, weißt du», sagte sie, «es ist doch so schwer für eine Single-Frau, das passende soziale Netz zu finden, richtig gute Freundinnen.» Sie habe jetzt vier an diesem Ort, und die will sie nicht verlieren. Neben einer Frau stand sie fast jeden Morgen beim Bäcker und dachte sich, die könnte eine Freundin sein. «Und dann», erzählt Gitte mit großer Begeisterung, «begann ich einen Yoga-Kurs, und wer war da: diese Frau.» Tatsächlich wurden die beiden gute Freundinnen, jetzt sind sie häufig zusammen unterwegs. Gitte macht das glücklich. Es war schwer und hat lange gedauert, nachdem sie wegen des Jobs nach Norddeutschland gezogen war, sagt sie, jetzt will sie nicht noch einmal weggehen. Nicht wieder Lebensabschnittsfreundinnen hinter sich lassen. Freundinnen verliert man nicht nur durch Streit. Da ist die geforderte berufliche Flexibilität, die gelegentlich eine abhandenkommen lässt. Oder man stellt plötzlich fest, dass man völlig andere Interessen hat. Die eine bekommt Kinder, die andere nicht. Da kann es schon geschehen, dass einfach nicht mehr genug Gemeinsamkeiten übrig bleiben. Aber ganz ohne Freundinnen ist es elend.

Für die Freundin würden Frauen deshalb richtige Opfer bringen: 80 Prozent würden, ohne mit der Wimper zu zucken, der besten Freundin sogar das Lieblings-Designerkleid für eine Party leihen, 50 Prozent ihren Urlaub absagen, wenn die Freundin unter Liebeskummer leidet, so eine Umfrage. Zwischen Freundinnen herrscht Nähe, Intimität, es gibt persönlichere Themen als zwischen Männer-Freunden. Frauenfreundschaften sind innig und liebevoll, die Forschung bestätigt das immer wieder. Dass Freundschaften unter Frauen tiefer sind und länger anhalten, stellten etwa Soziologen der Universität Manchester fest, die 10.000 britische Männer und Frauen über einen Zeitraum von mehr als zehn Jahren studiert haben. Intimität im Sinne von «Selbstöffnung, Vertrauen und seelischer Unterstützung kommen immer wieder als Kennzeichen von Frauenfreundschaften vor», schreibt Juliane Härtwig, die den Stand der Forschung in ihrer Diplomarbeit zusammenfasst. Frauen teilen Probleme, sie sind mutig genug, emotional verletzlich zu werden, indem sie sich der anderen öffnen und somit Angriffsfläche bieten.

Entsprechend sind die Ansprüche hoch: Jede zehnte Frau erwartet, dass sie im Leben ihrer besten Freundin der wichtigste Mensch ist noch vor deren Partner, ergab eine Umfrage des Hamburger GEWIS-Instituts. Die Freundin sei der Mensch, der sie am besten kenne, sagte mehr als ein Drittel der Befragten. Jede zweite Frau erwartet, dass die Freundin sich Zeit nimmt, wenn sie gebraucht wird, und zwar «avanti!».

Freundinnen sind wie der Rettungswagen bei einem Unfall: Wir kennen ihre Nummer auswendig und rufen im Notfall an. «Kann ich heute Abend mal vorbeikommen?», fragt meine Freundin Anja, wenn ein kleines Problem zu bereden ist. «Hast du jetzt mal eine Stunde Zeit?», wenn eine größere Schwierigkeit nicht aufzuschieben ist. Sofort. Da bleibt selbstverständlich meine Arbeit liegen. Als ich einmal von unerwartetem Liebekummer geplagt wurde, habe ich sie jeden Abend angerufen und in den Hörer geschluchzt, immer wieder die gleiche Leier; sie hat es ausgehalten. Mir ist das nur mäßig unangenehm, Anja ist schließlich meine Freundin. Nur bei ihr darf man sich auch als Erwachsene wie ein Teenager benehmen. Nirgendwo kann ich so schamlos peinlich, so unbedacht kindisch sein wie bei meinen Freundinnen.

Auf meine Retterinnen kann ich mich verlassen. Eine Freundin hat mich mal vor Jahren am Heiligen Abend eingeladen, als ich nicht wusste wohin. Eine andere hat für mich an einem Geburtstag in desolater Phase ein Essen in einem feinen Restaurant organisiert, nur sie und ich, zum Reden. Wie schön! So ist das mit Freundinnen: Not erkennen und zu helfen wissen.

Dass Serien wie «Sex and the City» und «Desperate Housewives» so erfolgreich sind, liegt nicht nur an den Affären und anderen Verwirrungen, sondern vor allem an den Geschichten über diese Freundinnen, an den gemeinsamen Abenteuern, an ihrer unerschütterlichen Innigkeit und Intimität. Man hat dieses Bild vor Augen aus dem Vorspann, vier Frauen untergehakt, sie strahlen vor Glück und Lebensfreude, sie sind stark zu viert, nichts kann sie aufhalten. Und nichts kann sie wirklich ausdauernd unglücklich machen, denn sie haben ja sich – bei aller Verschiedenheit. Es ist lustig, dabei zuhören zu dürfen, wie diese TV-Freundinnen über Männer, Sex, aber auch andere Frauen lästern. Es ist amüsant, intime Gespräche zu verfolgen, in denen jedes Thema, vom vorzeitigen Orgasmus über Dildo-Materialien bis hin zur Einrichtung der Wohnung oder Kuchenrezepte, diskutiert wird. Es ist wie ein Blick durchs Schlüsselloch. Die gnadenlose Offenheit ist glaubwürdig: Ja, so ähnlich ist es auch im wirklichen Leben. Wir lieben es, wie sich diese Frauen immer wieder gegenseitig retten, vor falschen Männern, deprimierender Einsamkeit, vor schlechten Lebensplänen. Das ist etwas, das wir uns wünschen in dieser Welt, in der viele Beziehungen schneller verderben als eine Tiefkühlpizza: Mindestens eine sichere, unerschütterliche Freundschaft.

Die Traumfreundin

So eine Freundin muss, weil sie ja so lebenswichtig ist, etwas ganz Besonderes sein. Wir stellen sie deshalb auf den Sockel. Ein Supergirl soll sie sein, unendlich loyal, verständnisvoll, hilfsbereit, selbstbewusst, attraktiv. Wer will heute noch einen Traummann! Dass es den nicht gibt, haben wir gelernt. Aber die Traumfreundin! An die glauben wir noch.

Die Autorinnen Stefanie Dracker und Barbara Werner haben Frauen gefragt, welche Eigenschaften sie sich von einer Freundin wünschen würden. Die Liste beschreibt eine Überfrau: Die Traumfreundin ist interessant, charismatisch und erregt Aufsehen. Sie mag sich selbst, ist zielstrebig, spontan, offen für Neues. Sie hat eine eigene Meinung, aber teilt prinzipiell Gedanken und Gefühle. Sie hört gut zu und gibt wertvolle Ratschläge, sie hat Humor und ist selbstironisch. Sie ist weder nachtragend noch nörgelnd, sie muss nicht perfekt sein, aber ein großes Herz haben. Eine gute Figur wäre auch nicht schlecht. Alles nach dem Motto: Sie hat zwar so einiges, was ich nicht habe, aber unsere Unterschiede ergänzen sich perfekt. Und es gibt – selbstverständlich – genug Gemeinsamkeiten. Denn sonst könnte sie mich ja nicht verstehen. Oft glauben wir an so etwas wie Seelenverwandtschaft, denn selten im Leben haben wir uns so einfach zugehörig, verstanden und angenommen gefühlt.

Haben wir sie gefunden, blenden wir in dieser Beziehung möglichst alles menschlich-weiblich Negative aus. Alles, was die schöne Harmonie-Fantasie zerstören könnte. Konkurrenz und die anderen bösen Gefühle, wie Neid oder Eifersucht, dürfen nicht sein. Denn das zerstörte diesen Traum. Die Freundin verkörpert einiges von dem, was eine Frau selbst gerne sein möchte, sie ist anders und doch gleich: «Eine Frau betrachtet ihre Freundin und erkennt sich selbst», schreibt die Freundinnen-Expertin,Michaela Huber. Kein Wunder also, dass sich Teenager-Freundinnen im Zwillingslook präsentieren, dass ich in Billes Hose passen wollte und sie in meine. Die Freundin ist wie der Blick in einen Spiegel. Diesem Spiegelbild kann man sich schamlos offen zeigen. Frauen brauchen andere Frauen, um sich ihrer Gefühle und Stärken zu versichern.

Was so wichtig und innig ist wie diese Freundschaft, will man natürlich nicht aufs Spiel setzen, das muss man schützen vor allen bösen Gefühlen und Gedanken. Die Wut auf die Freundin, der Neid auf die andere sollen nicht vorkommen. Wir sind da immer auf der Hut, betonen die Harmonie. Die Zeitschrift «Brigitte» fragte in einer großen Studie, was Frauen für typisch weiblich halten. Überwältigende 79 Prozent antworteten: «Freundschaften zu haben» sei typisch weiblich. Übertroffen wurde diese Eigenschaft nur noch von «Konflikte lösen». Darin wollen Frauen Meister sein, sie streben immer und überall einen kleinen Frieden an, und sei er noch so pseudo. Bei Konflikten müssen schnell die Ärmel hochgekrempelt werden und: «Nichts wie weg damit.» Bei der Frage, was typisch männlich sei, kamen diese beiden Aussagen überhaupt nicht vor, sondern eher «Respekt verschaffen» und «sich wehren können», damit wird ein Mann zum Mann. Freundschaften zu haben und Konflikte zu schlichten machen eine Frau aus, meinen Frauen also. Aber lösen wir tatsächlich Konflikte in unseren Freundschaften? Oder gehen wir allem, was Streit verursachen könnte, nicht eher aus dem Weg?

Freundschaft hat leider von Natur aus etwas Paradoxes: Sie ist Frauen enorm wichtig, aber gleichzeitig völlig freiwillig, denn es gibt ja kein Standesamt für Freundinnen, es gibt keinen Vertrag, keine gesellschaftliche Regelung, keine familiären Bindungen. Jeder windige Ferienjob ist geregelter, verpflichtender. Doch der Verlust einer Freundin tut heftig weh, er kann eine Frau genauso in die Krise stürzen wie das Ende einer sexuellen Beziehung. «Ich fühlte mich richtig verlassen», sagt eine, die nach einem Streit plötzlich nichts mehr von der Freundin hörte, nur noch mit sehr kurzen Telefongesprächen zu ihr durchdrang und bei der früheren Gefährtin plötzlich auf eine unüberwindbare Mauer stieß. Und, was es besonders schlimm machte, es gab niemanden mehr, bei dem sie sich so richtig ausheulen konnte. «Na ja», sagte der Freund, «die kriegt sich irgendwann schon wieder ein.» Irgendwann? Katastrophe. Mit ihrem Kummer über den Verlust fühlte sie sich nun ganz allein. Das ist furchtbar, wir wissen es. Denn welche Frau hat noch keine Trennung von der Freundin erlebt. Da kann auch der Lover nicht helfen.

Die Gefahr einer Trennung droht aber immer, weil Freundschaft die freiwilligste Beziehung ist, die es gibt. Was so locker ist, kann auch sehr flüchtig sein, geht womöglich leicht kaputt, ist vielleicht schon morgen vorbei. Es gibt keine Regeln, ganz anders als in einer Partnerschaft, in der alles ausgehandelt wird, von der Treue über verstreute Socken bis zur Technik für das Ausdrücken der Zahnpasta-Tube. Bei Freundinnen sind wir viel toleranter, das wären wir bei einem Partner nicht. Bei unseren gemeinsamen Sporturlauben warf meine Freundin Anja nicht nur Socken in der engen Thai-Hütte herum, sondern weigerte sich auch, meine Medikamente immer wieder ordentlich in den wasserfesten Beutel zu räumen. Meine Medikamente! Ja, meine! Sie schimpfte sogar, sie könne die Arnika-Salbe nicht finden, weil ich sie schon wieder aufgeräumt hätte. Einem Mann würde ich etwas erzählen bei dieser Gelegenheit, ja, der würde lernen fürs Leben. Für Anja räumte ich gnadenlos geduldig immer alles auf und sie streute es, «Spießer!» fauchend, wieder in die Gegend. Niemals hätte ich mich mit ihr darüber ernsthaft gestritten. Sorry, Männer meines Lebens, ich weiß, das ist sehr ungerecht. Aber ihr habt nun mal Regeln zu befolgen, Freundinnen nicht!

Oder doch? Es gibt eben keine eindeutigen Gesetze unter Freundinnen. Das macht es einfach nett, aber auch schwer. Denn so viele Fragen bleiben offen: Darf die beste Freundin auch noch eine andere gleichbeste Freundin haben? Darf sie einem etwas verschweigen? Darf sie sich zwei, drei oder vier Wochen nicht melden? Darf sie beim achten Liebeskummer in einem Jahr sagen, diesen Schmarrn will ich mir nicht mehr anhören? Darf sie unangekündigt im Job an mir vorbeiziehen? Mit anderen über mich sprechen? Gar lügen?

Ehrlichkeit, sagen alle, ist sehr wichtig. Aber ehrlich gesagt, ist es wahrscheinlich genau das, was Freundinnen furchtbar schwerfällt. Jedenfalls wenn es um die Beziehung untereinander geht. Eines dürfen sie sich auf gar keinen Fall eingestehen: Rivalität. Ein ehrliches Wort reden sie möglichst nicht über sich, über ihre Konflikte, über die unguten Gefühle untereinander, sondern nur über andere. Das natürlich umso lieber. Wir stellen uns nicht der Herausforderung, die ein Konflikt, und vor allem Konkurrenz mit der Freundin, bietet.

Vor einigen Jahren, nach inniger Freundschaft, begann meine damalige beste Freundin Andrea eine andere zu treffen. Immer öfter hatte sie keine Zeit für mich. Ich verfolgte das Ganze misstrauisch, stellte nebenbei Fangfragen, fühlte mich unwohl. Ich wusste ja schon, wie das so läuft, wenn Freundschaften unter Frauen enden. Das weiß man spätestens mit 14. Dann fuhr sie mit der neuen Freundin in den Urlaub. Mich fragte sie nicht einmal, ob ich mitkommen würde. Ich fühlte mich elend, gebeutelt von Neid und Eifersucht. Verlassen und verraten. Als wäre mein Freund fremdgegangen, doch dem hätte ich wenigstens eine ordentliche Szene machen können – eine mindestens.

Aber Andrea? Was sollte ich sagen? Sollte ich fragen: «Was hat sie, was ich nicht habe?» Nein, so ein Theater macht man doch nicht unter erwachsenen Freundinnen. Man kann doch nicht wirklich auf die Freundin der Freundin eifersüchtig sein, oder? Ist doch albern. Man kann die andere nicht zum Anlass nehmen, einmal zu fragen: «Stimmt etwas nicht mit uns?» Klingt doch blöd, oder? Ich frage Anja trotzdem. Sie muss lange überlegen. «Ich glaube, das macht man», meint sie, «aber immer viel zu spät.» Dann, wenn die Freundschaft eigentlich schon zu Ende ist, wenn wir uns fortgeschlichen haben, nur noch Banalitäten erzählen, uns kaum noch treffen.

Immer wieder bin ich bei meinen Gesprächen zum Thema Konkurrenz und Freundschaft auf dieses Phänomen gestoßen; lange, manchmal Jahre, schleppten Freundinnen den Groll gegen die andere mit sich herum. Wenn das Problem dann endlich angesprochen wurde, dann nur, um endlich die finale Aussprache zu führen. Sich zu versichern: Die ist nicht mehr meine Freundin.

Sonst reden und reden wir über alles und jeden. Doch hier ist nur Schweigen. Schweigend enden innigste

Freundschaften, entfernen sich Busenfreundinnen voneinander oder wird die Beziehung auf eine neue, andere, distanzierte Basis gestellt.

Wütend auf die Freundin? Wir setzen gerne darauf, dass sich das Problem und unsere negativen Gefühle von selbst verziehen. Wohl wissend, dass diese Übel damit kaum aus dem Weg geräumt, sondern nur verschoben sind. Die bösen Geister, wie Neid und Eifersucht, wirken unausgesprochen weiter. Wir Frauen leben Aggressionen ja grundsätzlich lieber im Verborgenen aus, in jeder Art von Frauenbeziehung ist der Schlagabtausch oft unsichtbar. Den Konflikt zu verleugnen schafft ihn aber nicht aus der Welt; es begrenzt ihn auch nicht, sondern verhindert nur, dass eine Lösung gefunden wird. Und beendet womöglich eine Freundschaft. Und so strafen wir mit unserer Konfliktvermeidungsstrategie nicht nur Rivalinnen, sondern oft auch die Freundin. Und sowieso uns selbst.

Männerfreundschaften, Frauenfreundschaften

Männer-Freunde konkurrieren ganz offen in der Liebe, im Job, im Sport. Schon kleine Jungen tragen ihre Rivalität mit handfesten Rangeleien aus, ohne dass die Freundschaft darunter leiden würde. Und Mädchen? Zicken, sagt man. Frauen haben grundsätzlich ein Problem mit Konkurrenz. Stolz erzählen die Freunde Wolfgang und Micha, wie sie in der Bar um die Gunst einer sexy Blondine wetteiferten. Gabi ist heute Michas Frau, er hat gewonnen, eindeutig, und Wolfgang findet es lustig, dass er der Verlierer war. Er flirtet trotzdem noch ein bisschen mit Gabi. Wettkampf ist Spiel, nur ein schlechter Verlierer ist wirklich ein Loser. Haben Sie so eine Geschichte schon einmal von zwei Frauen gehört? Wohl kaum. Doch sie konkurrieren wahrscheinlich genauso wie Männer in der Liebe, im Job, beim Sport, und wahrscheinlich noch stärker beim Aussehen, bei der Kindererziehung oder bei der Lebensweise. Aber Wettkampf ist für sie kein Spiel, nicht nur das Verlieren ist schlimm, sondern schon der Kampf an sich. Deshalb muss er indirekt geführt werden, heimlich bleiben. Und wahrscheinlich ereignet er sich oft auch unbewusst. Forscher vermuten die Ursache mal wieder in der Kindheit. Gene oder Erziehung, das ist hier die alte Frage.

Kinderfreunde

Eines Tages wollte die vierjährige Zoe nicht mehr in den Kindergarten gehen. Dabei hatte es bis dahin nie ein Problem gegeben, sie liebte ihren Kindergarten. Aber nun trödelte sie morgens plötzlich kummervoll herum, schlich den kurzen Weg zur Kita so langsam, wie sie nur konnte. Die Mutter war verzweifelt. Was war los? Was hatte sich geändert? Zoe schwieg. Die Mutter zerbrach sich den Kopf, was wohl Schlimmes passiert sein könnte, bis sie eines Morgens die Ursache der Kinder-Trauer serviert bekam. Fröhlich grinsend wartete am Eingang Marietta und begrüßte Zoe mit einem fiesen Singsang: «Roberta spielt nicht mehr mit dir, Roberta spielt nicht mehr mit dir.» Roberta, das war von Anfang an Zoes beste Freundin, ein Jahr lang waren die beiden unzertrennlich gewesen. Im Stuhlkreis saßen sie so selbstverständlich nebeneinander, dass andere Kinder automatisch immer einen Platz für die Zweite frei ließen. Bei Ausflügen liefen sie Hand in Hand in der Zweierreihe, nachmittags mussten sie sich noch auf dem Spielplatz treffen. Und nun war die Katastrophe passiert, Marietta hatte Zoe bei Roberta ausgebootet, von da an stand die Neue an erster Stelle. Vor vielem Unglück können Eltern ihre Töchter schützen, sie können fast alles wiedergutmachen, Pflaster auf blutende Finger kleben, Zauberschals um schmerzende Hälse wickeln, den zerbrochenen Gameboy ersetzen, die verschüttete Limo aufwischen, Fieber senken, das verschwundene Lieblings-Kuscheltier wieder auftreiben. Aber beim Verlust der besten Freundin sind sie machtlos, den Kummer zu lindern. Es gibt keine Medizin gegen gebrochene Herzen. Leider auch nicht für vierjährige Mädchen, die ihre beste Freundin verloren haben.

Freunde, das ergab eine aktuelle Studie des Münchner Instituts für Jugendforschung, sind (neben der Familie) auch für Kinder das Wichtigste im Leben. Rund 83 Prozent der 13- bis 22-jährigen Befragten räumten ihnen oberste Priorität ein. Nicht Erfolg oder Reichtum stehen ganz oben auf dem Wunschzettel für das Glück, denn Schule (42 Prozent) und materielle Werte (36 Prozent) landeten weit abgeschlagen auf dem zweiten und dritten Platz. Auch für kleinere Kinder sind Freunde wichtiger, als lange angenommen wurde, sagt der Psychologe Jürgen Wagner, der an der Universität Koblenz/Landau forscht.

Bereits im zweiten Lebensjahr gibt es so etwas wie Freundschaften. Krippenkinder krabbeln in Gruppen gezielt auf einen Partner zu, bieten dem Erwählten bevorzugt Spielzeug an, suchen immer wieder seine Nähe, lassen andere deutlich links liegen. Ist der kleine Freund mal nicht da, zeigen sie Trauer. So ziehen sie sich etwa mit dem Kuscheltier in eine einsame Ecke zurück, wollen nicht in der Krippe bleiben und weinen. Freunde, das sind eben Menschen, die man sich ausgesucht hat, um ihnen ganz besonders nah zu sein, sie häufig zu treffen, und die man mehr mag als andere. Schon die frühen Beziehungen im Kinderkrippenalter erfüllen im Grunde alle drei wissenschaftlichen Merkmale für eine Freundschaft: Intimität, Exklusivität und Intensität. Freunde machen fit fürs Leben, das ja auch immer Leben in der Gemeinschaft ist.

Später werden Freundschaften immer wichtiger: Kindergartenkinder üben, mit anderen auszukommen. Sie lernen, keine Angst vor Kontakten zu haben, aber auch Konflikte mit dem Sparringspartner auszuhalten, «denn wenn sie immer nachgeben, geraten sie ja in Abhängigkeit», sagt der Kinderpsychologe Dietmar Langer. Kleine Kinder streiten oder spielen mit ihrem Freund, aber alle anderen in der Gruppe interessieren sie nicht besonders. Richtige Feinde gibt es noch nicht. Doch schon hier tragen Mädchen Konflikte anders aus als Jungen: Mädchen booten die Freundin aus, reden nicht mehr mit ihr, ziehen sich zurück, bringen eine andere als Konkurrenz ins Spiel. Jungen hauen eher zu, schubsen oder fordern sehr lautstark ihr Recht gegenüber dem Freund. Beides tut weh. Und Zoe hätte wahrscheinlich nur zu gerne mal richtig zugehauen. Aber sie ist ein Mädchen und deshalb trauert sie schweigend.

Im Grundschulalter verstärkt sich das Verhalten. Jetzt geht es eindeutig um Konkurrenz, Dominanz und Hierarchie. Wer ist der Beste. Es gibt Freunde, meist in Rangfolge geordnet, aber auch Feinde. Der Schüler lernt sich durchzusetzen. Zwischen zehn und zwölf Jahren beginnen Kinder, sich mit der einsetzenden Pubertät vom Elternhaus zu lösen, sie entwickeln eine eigene Identität, moralische Vorstellungen und Ideale. Nun wird vor allem für Mädchen die Freundin zur innigen Bezugsperson: «Teenager identifizieren sich mit Personen, die wichtig für sie sind», sagt Langer. «Freunde reflektieren auch das eigene Verhalten.» Vor allem die Freundin spiegelt das eigene Selbst, nie musste sie so sehr zu einem passen wie in dieser Phase. Jugendliche lernen sich in der Peergroup, der Gruppe der engen Freunde, darzustellen, schaffen sich ihre eigene Welt mit spezieller Kleidung und sogar einer eigenen Sprache. Spätestens hier unterscheiden sich Mädchenfreundschaften ganz stark von denen der Jungen: Während Mädchen reden und miteinander diskutieren, sind Jungen auf Unternehmungen aus.

Bei Jungen geht es immer auch um den Wettkampf:

Wer fährt am schnellsten mit dem Fahrrad, wer hat die coolsten Spiele auf dem Gameboy, wer traut sich mit dem Board über die höchste Kuppe zu springen. Jungen wollen nicht reden, sondern etwas erleben, sich messen. Sie haben selten den einen besten Freund, sondern sie haben gute Kumpels. Die Intimität von Jungenfreundschaften drückt sich anders aus; Sport und Spiel schweißt sie zusammen, Vertrauen und Akzeptanz sind genauso wichtig, aber sie sprechen nicht ständig über solche Gefühle. Sie fechten ihre Position lautstark aus und ordnen ihre Beziehungen einem gemeinsamen Ziel unter. Die Anerkennung der eigenen Person ist das Wichtigste. Und die lässt sich nun mal nur in offen ausgetragener Konkurrenz dokumentieren.

Für Mädchen steht die Zugehörigkeit an allererster Stelle. Und zwar eine möglichst enge: «Mit meiner besten Freundin kann ich über alles reden», sagen Mädchen. Sie treffen sich gerne, um im eigenen Zimmer zu tratschen. Es geht auch um sehr intime Dinge, um Pickel, BH-Größen, Menstruation, Jungen, Verliebtheit, Sex. Es muss besprochen werden, welche Klassenkameraden okay sind und welche blöd – Beziehungskonstellationen, die sich ständig ändern. Ärger mit Eltern oder Lehrern wird hundertmal gedreht und gewendet, oft so lange, bis er verschwunden ist. Sie sind heilsam, diese stundenlangen Gespräche mit der Freundin; niemals sind sie so wichtig wie in der Pubertät. Vertrauen ist für Mädchen das A und O. Die Freundin stabilisiert das Selbstbewusstsein, gleichzeitig hätte sie die Macht, es zu zerstören. Offene Konkurrenz wäre hier eine existenzielle Bedrohung. Aber es gibt sie trotzdem.

«Jede möchte beliebt sein, nicht wahr? Aber nicht jede kann beliebt sein. Denn wenn jedes Mädchen beliebt wäre, wer wären dann die langweiligen Leute? Einige müssen uncool sein, so einfach ist das. Dieses Spiel ist wie dein Leben, du bist draußen auf dem Schulhof und diese lästigen anderen Mädchen versuchen dich zu attackieren... Du musst zurückschlagen, am besten, indem du sie ausgrenzt und ihr Selbstbewusstsein zerstörst, so lange, bis jeder weiß, dass sie Mega-Loser sind und dass du die Größte bist. Ach ja, eine wichtige Sache solltest du nicht vergessen, wenn du gewinnen willst, musst du beliebt sein, dazu brauchst du die richtigen Freundinnen. Es ist der beste Weg, zum Beispiel einem einzigen Mädchen klarzumachen, was für ein wertloses Miststück sie ist, wenn man sich gegen sie verbündet. Also achte darauf, dass du dich mit den coolen Mädchen zusammentust und ihr planen könnt, wie ihr die anderen loswerdet. Am Ende sind sie raus aus dem Spiel und du bist die Herrscherin des Universums.»

Dies ist die Anleitung zu einem beliebten Kriegsspiel für Mädchen ab 13 Jahren. Geschockt? Grausam? Sollte verboten werden? Ist es womöglich schlimmer als die ganzen virtuellen Ballerspiele für Jungen? Es fließt kein Blut in diesem Spiel. Es gibt höchstens ein paar kleine Kratzer auf der Haut – aber große Wunden in den Seelen. Die Spielfiguren sind ausschließlich weiblich oder asexuell. SissyFight wurde als Computerspiel für Mädchen konzipiert. Obwohl mit einfachsten technischen Mitteln und Animationen ausgestattet, überlebt dieses Teenager-Spiel im Internet seit sieben Jahren erfolgreich und hat eine feste Community. Ich wette, jede Frau hat im Laufe ihres Lebens an mindestens einem SissyFfight teilgenommen, sie hat ihn in der Wirklichkeit gewonnen oder verloren.

Mädchen brauchen so ein Spiel eigentlich nicht, denn sie agieren viel lieber in einem normalen Chat als in einem Spiel. Bei den «Lokalisten» zum Beispiel, einer riesigen Gemeinschaft vor allem für Teenager, haben sie das Gefühl, es geht um echte Freundschaften, um echte Zugehörigkeit, echte Gefühle und auch echte Gemeinheiten. Hier kann man Freundschaftsangebote annehmen oder ablehnen, präsentieren alle ihre großen Freundschaftsbäume und vollen Gästebücher. Massenhaft Zugehörigkeitsbekundungen. Und die andere, dunkle Seite: So hat eines der wichtigen Mädchen den KMB-Club, den Keiner-mag-Britta-Club, gegründet. Alle anderen tragen sich natürlich dort ein, nie wieder könnten sie leichter bei der angesagten Königin punkten. Nie wieder so einfach in diesem wunderbaren Gefühl der Macht schwelgen, eine so einfach zur Außenseiterin gemacht zu haben. Gemeinheit, die keine Grenzen kennt. Ein SissyFight im wirklichen Leben: denn ein Mädchen, das es schafft, eine andere auszugrenzen, sitzt am Hebel; sie erhält die Macht, auch anderen Mädchen zu sagen, wo es langgeht. Wie man sich kleidet, mit wem man spricht und mit wem nicht.

Auf der anderen Seite: Mädchen, die aus irgendeinem Grund nicht dazugehören. Oft sind deren Erinnerungen an die Schulzeit scheußlich; es gleicht einem Trauma, keine richtige Freundin gehabt zu haben, keine Beziehung zu einem Mädchen, das wirklich dazugehört. Zum Gerangel gehören diese fiesen kleinen Mobbing-Geschichten, die in jeder Schulklasse toben, auch ganz ohne Internet; es werden Gerüchte gestreut, Klatschgeschichten verbreitet.

Mädchen verfügen über sehr subtile Mittel, um zu erreichen, was sie wollen. «Mädchen sind Meister im Manipulieren der anderen», so Experte Wagner. Sie konkurrieren eben nicht offen, wie Jungen es tun. Rivalität ist für Teenager-Girls kein Spiel, es ist der Ernst des Lebens. Und es kann noch schlimmer kommen: «Mit Lena rede ich nicht mehr», sagt die Tochter, das ist unter Freundinnen die schlimmste Strafe. Schweigen bedeutet das soziale Aus. Je mehr Leute einen anschweigen, desto schlimmer.

Sie hatte, erinnert sich Doris heute noch, nach fast 30 Jahren, mit Grausen, zu Beginn des Gymnasiums irgendwie verpasst, eines der interessanten Mädchen an sich zu binden. «Plötzlich war keine mehr übrig», sie kann es immer noch nicht fassen. Obwohl sie eine gute Schülerin war, stand sie plötzlich in der Gruppe der Schwachen, der übrig gebliebenen: «Es war Einsamkeit pur», sagt Doris, «es war schrecklich.» Dieser soziale Tod unter Mädchen. Sie war nie eingeweiht, nie zu Geburtstagen oder Partys eingeladen, nie irgendwo mit dabei. Sie schloss «Zweckfreundschaften», sagt sie, man muss irgendwie überleben. Also tat sie sich notgedrungen mit anderen Außenseiterinnen zusammen; keine war dabei, die sie gerne als beste Freundin gehabt hätte. Sie fühlte sich schutzlos und unsicher in der Klasse, kämpfte mit Angst und Trauer. Drei Jahre lang, dann hatte sie es geschafft: Durch die ständigen Wechsel war das beliebteste Mädchen, eine charismatische Geschichtenerzählerin, plötzlich frei. Und Doris war rechtzeitig zur Stelle. Sie wurden Freundinnen und niemand wusste so gut wie Doris, wie wichtig diese Freundschaft war.

Wenn ich das höre, bin ich froh, dass ich unbewusst immer diese Konkurrenz-Regeln in Mädchengruppen kannte. Denn ich erinnere mich, dass ich in einer neuen Gruppe immer sofort ein Mädchen aussuchte, die meine Freundin werden sollte. Dieses Ziel verfolgte ich generalstabsmäßig. Es musste ein Mädchen sein, das ich für stark, mutig und wild hielt, das war meine persönliche Vorstellung von der Idealfreundin. Ich ging dann natürlich nicht offen hin und sagte irgendetwas Albernes wie: «Wollen wir Freundinnen sein?» Ich sorgte dafür, dass ich ihr auffiel, ich stach andere aus, weil ich ahnte, was meine Auserwählte gut findet. Cordel zum Beispiel galt in der Schule als schwieriger Teenager, sie war schon mit 13 mit ihrer besten Schulfreundin Petra von zuhause ausgerissen – zwar nur einen Tag lang, aber ich fand das bewundernswert. Einfach toll! Als die Eltern von Cordel und Petra wegen fortgesetzter Renitenz des Duos den beiden den Umgang verboten, schlug ich zu. Ich lud die von mir heimlich bewunderte Cordel ein, an den Aktivitäten meiner braven Mädchen-Gang teilzunehmen. Natürlich ohne Petra. Ich wusste, Cordels Eltern würden hocherfreut sein, galt ich zwar als laute, aber doch ordentliche Schülerin. Ich scheute also nicht davor zurück, heimlich und hintenrum sogar auf die Unterstützung der größten Teenager-Gegner, der Eltern, zu setzen. Als Cordel dann meine engste Vertraute war, sagte ich meinen anderen Freundinnen, dass ich jetzt nicht mehr so viel Zeit für sie hätte.

Zum Lieben geboren?

Ob diese weibliche Form der versteckten, manipulierenden Konkurrenz nun überwiegend anerzogen oder genetisch festgelegt ist, darüber streiten wie immer die Wissenschaftler. Woher kommt diese scheinbare Harmoniesucht? Manche Experten glauben, dass Mädchen von Natur aus für ihre spätere Rolle als Frau und Mutter bestimmt sind und deshalb in erster Linie für die Beziehungspflege zuständig sein müssen, nicht für den Wettbewerb. Sich lieb haben sollen sie, das steuern natürlich Hirn und die bekannten Hormone – so sei die Frau nun mal. Denn ein friedliches Miteinander sei die Voraussetzung für ein späteres glückliches Familienleben, ein warmes Nest, in dem Mutti dafür sorgt, dass sich alle gernhaben. Das bestimmen so die Gene, meinen die Experten, und die Worte «Stutenbissigkeit» oder «Zickenkrieg» verweisen ja ohnehin auf tierisch-archaische Ursprünge. Stutenbissig ist in Pferdeherden etwa die Leitstute, die immer auf der Hut ist, dass ihr keine andere die Stellung streitig macht. Die Chefin, die aber im Ernstfall auch dafür verantwortlich ist, dass in Gefahr alle rechtzeitig fliehen und die Herde zusammenbleibt. Wie in den meisten Tierherden unter den Weibchen, so sollte auch unter Mädchen und Frauen alles schön kuschelig sein und zumindest nach außen hin herzlich aussehen. Gemeinsam wird der Nachwuchs verteidigt, gebissen wird untereinander trotzdem. Aber hintenrum.

Andere Experten glauben, dass Mädchen dieses Konfliktverhalten von der Mutter lernen. Weil Mädchen eine engere Bindung zur Mutter haben und Jungen sich eher mit ihrem Vater identifizieren, entwickle sich ein ganz verschiedenes Verständnis von Intimität. Schon Mütter nutzten in dieser engen Beziehung die Gewalt der Sprache und die Macht des Schweigens, und sicher gebe es hier schon die erste Konkurrenzsituation unter Frauen. Stummer Protest, innere Emigration, diese typischen Formen weiblichen Widerstandes erfahren und erleiden Mädchen von ihrer Mutter. Wer so erzogen wurde, meinen Experten, hat später in Konkurrenzsituationen Probleme: Die Frau möchte einerseits die Harmonie wahren, wie sie es gelernt hat – und sich andererseits gegen die Rivalin durchsetzen.

Es ist eigentlich egal, ob anerzogen oder angeboren, denn was sagt das schon aus? Auch angeborenes Verhalten kann ein Mensch in den Griff bekommen, oder ändern, wenn er will. Dass die Mutter mit ihrer weiblichen Taktik und sicher auch in Konkurrenz zur Tochter eine große Rolle spielt für die Entwicklung junger Mädchen, ist anzunehmen. Aber auch das heißt nicht, dass man sich Verhalten nicht bewusst machen und daran arbeiten könnte.

Jedenfalls haben wir Frauen schon früh geübt, Rivalität im Geheimen zu leben. Das bedeutet auch, dass wir meist schon mit 13 Jahren Meisterinnen im Intrigieren, Flüstern, Lästern, Ausgrenzen sind. Wie man in einer Gruppe unbemerkt die Fäden zieht, wie man Chefin wird ohne offenen Kampf, wie man Schweigen und Reden zur Waffe macht, wie man seine Ziele mit subtilen Strategien verfolgt, das könnten Jungen von den Mädchen lernen.

3. Unter Rivalinnen

Wir müssen es zugeben, auch, wenn es uns nicht gefällt: Es gibt sie immer, die Rivalität in Frauenbeziehungen. Wahrscheinlich sogar zuerst zwischen Mutter und Tochter. Dann unter Schwestern und Freundinnen, vor allem in der Pubertät, wenn Freundschaft wichtiger, Familie unwichtiger wird. Während bei Jungen der Kampf eher zu einer blutigen Nase führt, schlagen Mädchen knallhart seelisch zu. Sie lehren sich so gegenseitig das Fürchten und die Vorsicht. Sie lernen aber vor allem, dass man im Wettbewerb unter Frauen immer genau beobachten muss, um womöglich im Gesicht und in den Gesten der potenziellen Gegnerin lesen zu können, um List und Tücke vorauszuahnen. Wer plant hier was im Mädchen-Clan, wer ist gerade die Hippste, vor wem muss ich auf der Hut sein? Was bedeutet es, wenn Hannah und Jana flüstern? Trifft sich Carla mit Anna? Warum grüßt mich Birgit nicht? Ja, man darf die anderen nicht aus den Augen verlieren, denn der Sissy-Fight hat niemals Pause. So verfeinern Teenager auch ihre emotionale Intelligenz, müssen sie den anderen Mädchen doch von den Lippen, den Augen ablesen. Lehrjahre, die Männer, da sie Konkurrenz offen zeigen, selten erlebt haben. Lehrjahre, die aber auch das Misstrauen schüren, Misstrauen gegen andere Frauen, von denen wir wissen: Sie geben es nur nicht zu, dass sie auch Rivalinnen sind.

Vor allem wenn die Freundin so wichtig ist wie in den Teenagerjahren, in denen Rivalität unter Frauen oft aufs Grausamste geübt wird. In der die Eltern und Geschwister nicht mehr zählen, weil man sie verlassen will, weil die Welt außerhalb der Familie erobert wird. Nie wird sie so dringend gebraucht, diese Gleichgesinnte, diese Einzige, die für alles Verständnis hat und mit der man sämtliche Geheimnisse teilen kann. Mit ihr konkurriere ich nicht, wir sind uns doch so ähnlich. Oft ja sogar durch gleiche Kleidung, damit es auch jeder sieht, dass sich auch Blond und Braun, Klein und Groß, Dick und Dünn im Herzen so sehr gleichen. Wenn ich sie verliere, bin ich wirklich verlassen. Es sind harte Lehrjahre, die viele Mädchen mitmachen. Lehrjahre, die eine erwachsene Frau dann nicht so einfach vergessen kann.

Aber ist Konkurrenz, Rivalität nur schädlich, oder könnte sie auch nützlich sein? Wäre die beste Freundin nicht langweilig, so ganz ohne diese nicht eingestandene Konkurrenz? Denn bei aller Schwesterlichkeit und zwillingshafter Gleichheit, es gibt da auch das Gefühl von «Was die kann, will ich auch lernen». Bewunderung ruft eben auch Neid hervor, Eifersucht, Konkurrenz. Enttäuschung und Verzweiflung könnten die Folge sein. Da ist die Freundin, die mehr Busen hat, da ist die, die selbstbewusster auftritt, oder die, die früher einen Freund hat. Die, die besser in der Schule ist, die, die sich schicker schminken kann, das bessere Händchen für trendige Klamotten hat, die mehr Freunde hat. Eine bewunderte und beneidete Freundin. Das ist auch die interessantere Freundin.

Hilde oder: warum auch Mathe zählt

«Früher dachte ich, ich bin nicht so schlau wie du, heute weiß ich, dass das nicht stimmt.» Ich glaub' es nicht. Das sagt meine Freundin Hiltrud, die Starke, die Selbstbewusste. Das habe ich nicht gewusst. Ich sah sie immer als Konkurrentin. Aber dass sie mich umgekehrt ebenfalls beneidete? Hilde lebt mittlerweile in Los Angeles, unsere Freundschaft hat seit unserer Schulzeit gehalten. Manchmal sprechen wir uns ein Jahr lang nicht. Dann telefonieren wir plötzlich ohne besonderen Grund zwei Stunden lang: «Klasse war das, mit dir zu plaudern. Echt toll, dass, egal wie viel Zeit vergeht, du mir immer sofort ganz nah bist und ich immer gleich alles sagen und offenlegen kann», schrieb sie mir nach unserem jüngsten Gespräch.

Wir waren nie beste Freundinnen. Wollte man das auf einer Freundschafts-Skala einordnen, dann wohl eher mittelgute. Aber unsere Freundschaft ist doch eine so wichtige, dass sie sowohl über die Jahre als auch über die räumliche und emotionale Distanz gehalten hat. Wir können jederzeit telefonieren; und schon nach drei Minuten völlig schamlos. Kontaktlose Jahre holen wir in Lichtgeschwindigkeit auf. Früher in der Schule umkreisten wir uns distanziert. Ich spüre es heute noch deutlich, dieses Konkurrenz-Gefühl im Gymnasium. Diesen Neid. Ich komme morgens in die Klasse und sehe Hilde da schon sitzen, fünf bis zehn Leute um sie herum, und sie erzählt laut, lacht noch lauter, hat alle Aufmerksamkeit. Ich sehe sogar noch, wie sie immer wieder ihre Haare zurückwirft, die Füße lässig auf den Tisch legt. Ich war mir sicher, dass sie es einmal in ihrem Traumberuf Schauspielerin weit bringen würde. Sie sprüht vor Tem-

perament und witzigen Alltagsgeschichten, spielt sie wie
auf einer Bühne, die Zuhörer hängen an ihren Lippen.
Ich komme da nie zu Wort.

Noch heute spüre ich meinen Groll. Um so viel Aufmerksamkeit zu erregen, musste ich mich schon als
Klassensprecherin politisch engagieren, etwa gegen
ungerechte Lehrer oder für die nächste Schulparty. Ich
neidete Hilde die Fähigkeit, mit totalen Banalitäten die
größte Zuhörerschaft zu gewinnen. Ob es umgekehrt
auch so etwas gab? Ich rufe Hilde an und frage scheinheilig über den Atlantik hinweg: «Warum waren wir eigentlich Konkurrentinnen? Doch bestimmt nicht wegen
der Noten?»

«Doch», ruft sie in den Hörer, «du warst so gut in der
Schule, vor allem in diesem grässlichen Mathezeug!»
Ehrlich gesagt, ich war immer bloß eine mittelmäßige
Schülerin, ich wäre nie auf die Idee gekommen, dass mir
jemand meine Noten neidet. Ich kann mich gar nicht erinnern, besser gewesen zu sein als Hilde. «Das musst du
gewusst haben», meint sie. Denn sie hat andere Bilder
vor Augen: Geschichte Leistungskurs, der Lehrer fragt
sie ab, «irgendetwas über Kalten Krieg und Kommunismus», erinnert sie sich. «Ich wusste nichts, es interessierte mich nicht, diese ganzen komplizierten Hintergründe»,
erzählt sie, «du warst immer so ernst, so diszipliniert, so
analytisch. Du hattest das alles im Griff. Und du warst
streng. Weißt du noch, was du nach der Stunde zu mir
gesagt hast? – Wie wäre es, du würdest es einfach mal
mit Lesen versuchen?» Uff, eine miese, fiese Rivalin war
ich, ziemlich von oben herab. Und wie schade, dass wir
nie über unsere Konkurrenzgefühle gesprochen haben.
Wir hätten beide gewonnen, an Selbstbewusstsein. Wir
hätten erfahren, dass eine andere starke Frau uns benei-

det. Denn ich hätte gerne etwas von Hildes amüsanter Leichtigkeit gehabt, die ich aus Neid unerträglich oberflächlich schimpfte. Sie hätte mir, der Ernsten, gerne ein wenig disziplinierte Tiefgründigkeit abgenommen, die sie damals als verbissen bezeichnete. Wir hätten voneinander lernen, uns coachen können. Zusammen wären wir unschlagbar gewesen. Doch wir rührten ihn nicht an, unseren stillen Wettbewerb. Aber wir stichelten und piksten an uns herum wie Hexen an ihren Voodoo-Puppen. Statt uns zu stärken, schwächten wir uns.

Konkurrenz – warum sie guttut

Mit dem Wort Rivalität, als spezielle Form der Konkurrenz, wird allgemein der emotionale Wettbewerb um
Ansehen, Macht oder Zuneigung, besonders im privaten
Bereich, im Beruf und in der Politik bezeichnet. Sie begegnet uns jeden Tag, überall. Zu fragen, warum Menschen sie überhaupt brauchen, würde hier in philosophi-
sche Sphären führen. Krieg, Streit, Verleumdung, Intrigen sind Worte, die wir mit Rivalität und Konkurrenz
verbinden. Wir vergessen gerne, dass es auch positive
Seiten gibt: Erfolg, Leistung, Entwicklung, Sieg, Gewinn,
alles das gäbe es nicht ohne Konkurrenz, ohne das Sich-
untereinander-Vergleichen. Ohne das Miteinandermes-
sen wäre nur Stagnation in der Welt. Womöglich würden
wir noch wie die Neandertaler in Höhlen hausen. Sicher
ist: Rivalität ist immer und überall zwischen Menschen.
Freundschaft kann sie nicht ausschließen, denn: «Man
kann nicht nicht rivalisieren», sagt Experte Kurt Theodor
Oehler in seinem viel zitierten Buch «Rivalität und wie
man richtig damit umgeht».Die Frage ist eigentlich nur,
wie man konkurriert: ob offen oder verdeckt, fair oder
unfair, bewusst oder unbewusst.

Zuerst einmal müssten wir wohl aufhören, uns für ganz
normales Konkurrenzverhalten zu schämen. Rivalität
hat eben auch viele gute Seiten, sie kann uns zu besonderen Leistungen antreiben; uns zeigen, wer wir sind und
wohin wir wollen. Beim Sport ist das selbstverständlich,
da genießen wir den Wettbewerb, stehen in Konkurrenz
zu anderen, das gehört dazu. Wir können von ihr lernen
und mit ihr wachsen. Die Motivation, besser zu sein als
andere, ist im Sport unverzichtbar, und anerkannt. Wenn
auch nicht immer ganz so einfach für Frauen.

Konkurrenz könnte aber auch in vielen anderen Bereichen helfen. Sie könnte eine tolle Karrieretrainerin, eine super Stylistin, eine ausdauernde Erziehungsberaterin, eine beschleunigende Paartherapeutin und allgemeine Lebensberaterin sein – zumal sie, anders als die meisten Coaches, kostenlos ist. Statt Unterschiede zu leugnen, könnten wir uns von ihnen anspornen lassen; würden wir der Konkurrenz etwas Positives abgewinnen, wir könnten trotzdem Freundinnen sein. Doch nur wenige von uns wollen die guten Seiten sehen, wenn diese Trainerin zwischen uns und einer anderen Frau auftaucht. Die Konkurrenz ist uns auf Anhieb unsympathisch. Wir reagieren befangen, ablehnend, ängstlich und reden sie klein oder verteufeln sie. Am liebsten schweigen wir sie tot und flüchten uns in Intrigenspiele und Hinterhalte. Wir empfinden Konkurrenz grundsätzlich als bedrohlich. Das ist sie schließlich auch ganz besonders in Frauenbeziehungen, dort, wo sie verleugnet wird, wo sie nicht offen gelebt wird, wo sie hinterrücks zuschlägt. Eine Konkurrentin kann nicht nur keine Freundin sein, sondern wir sehen sie am liebsten als Feindin. Dann ist alles klar.

Männer dagegen sagen sich gerne offen den Kampf an, das macht ihnen Spaß und ist ihnen auch kein bisschen unangenehm: «Frauen lehnen das Rivalisieren mehr ab als Männer, obwohl sie wissen, dass dieses Verhalten eine wichtige soziale Funktion erfüllt», schreibt der Psychotherapeut Kurt Theodor Oehler. Frauen sähen eher die negativen Seiten und verneinten die Vorteile. Das hat einen guten Grund: Es gebe so etwas wie eine «nachfeministische Selbstzensur», die bestimmte Gefühle, vor allem Konkurrenz oder Neid, verbiete, meinen andere

Experten, wie die Autorinnen Orbach und Eichenbaum. Zwar sind die Zeiten vorbei, in denen Frauen ihre Verschiedenheit dem gemeinsamen Kampf für Emanzipation unterordneten und der Schulterschluss der Gleichen wichtig war für das Ziel, endlich gleichberechtigt in dieser Gesellschaft anerkannt zu werden.

Damals sagten Frauen noch aus ganzem Herzen Dinge wie: «... wenn ich eine Nationalität habe, dann ist es meine Weiblichkeit, und wenn ich eine Regierung habe, dann ist es diese Bewegung, in die ich mich freiwillig eingereiht habe, und wenn ich eine Patriotin (Matriotin?) bin, dann für die Idee einer Loyalität unter Schwestern von Anfang an»; dies schreibt die amerikanische Feministin Myrna Kostash in einem fast zwanzig Jahre alten Buch über Konkurrenz unter Frauen. Zwanzig Jahre sind keine besonders lange Zeit, aber Sätze wie diese würde heute keine von uns mehr unterschreiben. Matriotin? Bitte nicht! Diese Ode an die Schwesterlichkeit klingt so verstaubt, als wäre sie hundert Jahre alt. Nein, wer würde heute noch lautstark behaupten, alle Frauen seien gleich! Diese Idee gilt mittlerweile als genauso gescheitert wie die des Kommunismus oder die der freien Liebe. Das schmeckt nach Toast Hawaii und Afri Cola. Im real existierenden Feminismus ist nicht viel übrig von dieser lila Gute-Laune-Liebe. Zu individuell, zu verschieden sind die Lebenspläne heutiger Frauen, zu unterschiedlich das Verständnis, was Emanzipation bedeutet. Wir haben zwar erkannt, dass wir miteinander nicht nur Friede, Freude, Eierkuchen haben. Aber weitergekommen sind wir nicht, wir möchten freundschaftliche Rivalität unter uns trotzdem nicht als etwas Positives sehen. Darüber vergessen wir dann gerne auch gemeinsame Ziele. Denn es gilt: Freundin oder Feindin, da ist kein Platz für Zwischentöne.

Dabei messen wir uns doch ständig, schätzen uns ab, auch unter Freundinnen; fragen uns: Wie schafft die andere es nur, so schlank zu sein, so gut angezogen zu sein, so erfolgreich im Beruf zu sein, so viel Sport zu machen, Kinder und Karriere unter einen Hut zu bringen, ihre French Nails nicht abzubrechen, eine nette Chefin zu sein, besser kochen zu können, den heißeren Lover, die bessere Ehe zu haben: «Deine Küche hat auch schon einmal mehr geglänzt», heißt mein Lieblingsspruch von Frau zu Frau aus der TV-Werbung. Wir vergleichen uns in allem, wir konkurrieren.

Zwar haben Frauen das Ziel «glänzendere Küche» irgendwann kurz nach den 50er-Jahren ad acta gelegt, was nur die Putzmittel-Werber noch nicht so ganz mitbekommen haben. Aber der scannende Blick ist aktuell geblieben, genauso wie die kleinen gemeinen Bemerkungen, mit denen wir der Rivalin ihr Ungenügen signalisieren: «Gehst du eigentlich noch zu den Weight Watchers?», «Geht es dir nicht gut?», «Du siehst müde aus».

Der Psychotherapeut und Konkurrenz-Experte Kurt Theodor Oehler unterscheidet zwei Sorten von Wettbewerb: konstruktive und destruktive Rivalität. Letztere entfaltet ihre zerstörerische Kraft, weil sie das gemeinsame Gespräch beendet, den direkten Kontakt abbricht und menschliche Beziehungen verschlechtert. Weil Frauen Konkurrenz in freundschaftlichen Beziehungen nicht wahrhaben wollen, handeln sie häufig destruktiv. Im Grunde weiß jede von uns, dass wir auch mit der Freundin konkurrieren, womöglich erst recht, wenn wir es nicht wahrhaben wollen. Deshalb sollten wir einmal genauer hinsehen, wo diese Konkurrenz uns nützen könnte und wo sie uns schadet.

4. Besser im Beruf

Die Trittbrettfahrerinnen

«Wir haben uns perfekt ergänzt», erzählt mir Nadja von ihrer großen Enttäuschung. Ihre Freundin Angela sei ein «wilder, freier Vogel, kreativ und ziemlich chaotisch» gewesen. Sie sagt es mit kollegialer Bewunderung, immer noch. Sich selbst bezeichnet Nadja als strukturiert, zuverlässig, eine, die immer den Überblick behält. Eine große Blonde, die meistens gebügelte Blusen trägt und Perlenketten. Angela, die kleine Dunkelhaarige, konnte schon mal mit Springerstiefeln zum karierten Minirock am Arbeitsplatz auftauchen. Nicht nur äußerlich waren die beiden von Grund auf verschieden, sie ergänzten sich mit verschiedenen Stärken: «Wir waren ein Superteam», schwärmt Nadja. «Ja, der Job hat ja auch deshalb so viel Spaß gemacht, weil wir uns gegenseitig hatten», meint sie, «ich dachte, ich kann ihr zu hundert Prozent vertrauen.» Ein Fehler?

Nadja und Angela waren beide Mitte zwanzig, als sie nach dem Studium bei einer großen Werbeagentur einstiegen. Für beide der erste Job im Leben, ein großes, aufregendes Abenteuer. Nadja war schon ein halbes Jahr da, als Angela hinzukam. Nadja half der Neuen, die noch keine Routine hatte, alles kennen zu lernen, erklärte ihr, wie man mit dem schwierigen Art-Director umzugehen hatte, bewahrte sie vor allen Fallen, die sich dem Nachwuchs im neuen Job auftun. Schon bald waren beide unzertrennlich. Sie gingen zusammen ins Kino und nach langen Arbeitstagen auf einen Drink. In Konferenzen waren sie so etwas wie siamesische Zwillinge, sie unterstützten sich rührend. Müllfrauen nannten sie sich, weil sie als Anfängerinnen immer das auf den Tisch bekamen, was andere nervte. Wenn die eine Ärger im Job hatte, war die andere immer für sie da: «Es war ein gutes Gefühl», sagt Nadja, «wir gegen den Rest der Welt.»

Sie habe nie geguckt, wo steht Angela; ist sie auf dem Sprung, Karriere zu machen? «Sie wird es mir schon sagen, wenn sie etwas plant», das habe sie fest geglaubt, erinnert sich Nadja. Dann gab es turbulente Zeiten in der Agentur, der Art-Director wurde gefeuert, andere gingen mit ihm. Plötzlich gibt es neue Chancen und freie Stellen. Aussichten auch für die zwei Mädels ganz unten auf der Leiter. Zwei Musketiere auf dem Sprung, gemeinsam stark. Glaubte Nadja.

Als sie aus einem Kurzurlaub zurückkam, hatte Angela fleißig gearbeitet: In einer Konferenz mit dem neuen Chef hatte sie eine Kampagne vorgestellt und war damit gut angekommen. Das Problem: Es war Nadjas Idee, mit der Angela da in Abwesenheit gepunktet hatte. Nadja hatte sie wie immer mit der Freundin besprochen, sie hatten gemeinsam am Projekt gefeilt, doch Nadja hielt das Ganze noch nicht für perfekt, wollte noch daran arbeiten. Nun war es zu spät.

«Ich fühlte mich wie betäubt, wie nach einem Schlag ins Gesicht», erzählt die Grafikerin. Aus dem Urlaub zu kommen und festzustellen, dass die Freundin ein Konzept verkauft hatte, das Nadjas Idee gewesen war, zog ihr den Boden unter den Füßen weg: «Doch noch schlimmer war, dass sie gegen mich intrigiert hat.» Ganz nebenbei hatte Angela den Anschein erweckt, als habe Nadja vor ihrem Urlaub die wichtige Arbeit liegen lassen. «Ich habe Rotz und Wasser geheult», Nadja beißt die Zähne zusammen, wenn sie von dieser Aktion erzählt, sie sieht traurig aus. Nie hatte Angela mit ihr darüber gesprochen, dass sie die freie Stellvertreterstelle anstrebte, immer hatte sie so getan, als wären sie gleichberechtigt, gingen beide alle Wege gemeinsam. Zumindest besprachen sie doch alles, oder? Dieses Schweigen über ihre Zukunftspläne hätte sie der befreundeten Kollegin aber noch verzeihen können, sagt Nadja. Doch dass sie sich dann auch noch den Weg nach oben auf Kosten der Freundin ebnete. Das ist Verrat an der Freundschaft. «Das kann doch keiner vergeben.»

«Sie hat mich eiskalt ausgenutzt», ist Nadjas trauriges Fazit. Sicher seien beide auch Konkurrentinnen gewesen, auch schon vor dem Verrat. «Wenn ich mir das heute überlege, wollte schon jede die Bessere oder die Coolere sein». Ja, sie hätte nie gedacht, dass die chaotische Angela es schneller nach oben schafft als sie. Jedenfalls hat auch Nadja das Thema Beförderung nie angesprochen. Warum? «Wir wollten uns doch nicht verlieren», erklärt sie traurig. Die Freundschaft war ein so sicherer harmonischer Fluchtpunkt im Gemetzel und Karrierekampf der Agentur.

«Ich habe Ehrgeiz, auch den Ehrgeiz, an dir vorbeizuziehen und deine Chefin zu werden; dich ganz allein zurückzulassen» – das gehört nicht zu den ausgesprochenen Wahrheiten unter befreundeten Kolleginnen, deshalb hätten sie den Wettbewerb untereinander einfach ausgeblendet. Das sieht Nadja heute auch so. Eigentlich war es völlig klar, dass die beiden nicht immer auf der gleichen Ebene bleiben würden, sich irgendwann beruflich auseinanderentwickeln würden. Doch wenn man so gut befreundet ist, dann fällt es besonders schwer, sich das einzugestehen. Frauen können nicht loslassen, sie kuscheln weiter, während sie hinter dem Rücken schon die Messer wetzen. Jedenfalls unter Freundinnen oder befreundeten Kolleginnen. Da soll eben alles ganz lieblich sein. Nett und gemütlich. Leider wird es aber genau dann besonders fies, wenn sich herausstellt, dass es ist, wie es ist; dass der Job ein Wettbewerbsgebiet ist, auf dem man gewinnen will. Eigentlich kein so großes Geheimnis, eher eine Tatsache. Doch Frauen versuchen, sie unter liebevoller Freundschaft zu begraben.

«Obwohl Frauen krisenfreundlicher sind, scheinen sie den durch Rivalität bedingten Kontroversen in der Arbeitswelt aus dem Weg zu gehen», stellt Experte Oehler fest. Frauen sind zwar zäher als Männer, halten Streit und Krach besser aus, doch im Beruf neigen sie angesichts von weiblicher Konkurrenz dazu, zu resignieren oder den Kampf aufzugeben. Jedenfalls wenn die Rivalin schon nicht heimlich zu umschleichen ist. Frauen fürchten dabei mehr persönliche Niederlagen als soziale Unterordnung. Die direkte Art zu rivalisieren repräsentiere eher die Werte der Männer als die der Frauen. Die indirekte, die weibliche Taktik gerät leicht zum Verrat. Für Nadja war jedenfalls die persönliche Niederlage, der Vertrauensbruch erheblich schlimmer als die verpatzte Karrierechance. Und ihr fiel nichts anderes ein, als Rotz und Wasser zu heulen, vor allem, weil sie die Freundin verloren hatte.

Meine beste Feindin

Einerseits gelten Frauen als besonders gute Teamplayer, denn im Verband der Freundinnen tun alle erst mal ihr Bestes füreinander. Hier können die weiblichen Talente ausgezeichnet eingesetzt werden, die sogenannten «Soft Skills»: Frauen sind im Team integrativ und kooperativ. Sie lassen Emotionalität zu, können zuhören, hinterfragen, nehmen Rücksicht, erkennen die Talente der anderen, stärken sich gegenseitig, gemeinsam läuft es erst einmal gut. Es könnte so schön sein, wäre da nicht das Andererseits: Wehe der, die ausschert, die weiterwill, die die anderen abhängen möchte. Rivalität, Neid und Eifersucht blockieren dann die Arbeit. Denn sind die Feindseligkeiten erst einmal ausgebrochen, dann kracht es, und selten ist die Krise noch zu stoppen. Weil Frauen sehr emotional reagierten, dauere es lange, bis feindliche Gefühle abklingen, oft mündeten sie immer wieder in gegenseitigen Racheakten, meint Anja Busse, die den weiblichen Konkurrenzkampf untersucht hat.

Frauen werden gerne Feindinnen fürs Leben. Wenn es passiert, dass sie sich ganz offen den Kampf ansagen, gibt es kein Pardon mehr. Wir kennen das nur zu gut, diese Frauen, die sich spinnefeind sind. Furchtbar, gnadenlos, ohne jeden Zwischenton.

In der Redaktion einer Frauenzeitschrift, in der ich vor einigen Jahren arbeitete, tobte ein offener Kampf zwischen der Beautychefin und der Modechefin. Beide machten sich offensichtlich Hoffnungen auf den Platz der stellvertretenden Chefredakteurin, jedenfalls rangen sie hart um Aufmerksamkeit und Lob der Chefredakteurin. Bei jeder Gelegenheit gingen die beiden in Konferenzen aufeinander los. Die Modechefin bezeichnete den gerade

mal wieder aktuellen blauen Lidschatten in einer Strecke als «50er-Jahre-grottig», die Beautychefin fiel über
die andere her, weil sie irgendeinen neuen Casualtrend
verpasst hatte. Da beide Frauen mit biestig-humorvollen
Spitzen kämpften, fanden wir anderen Redaktionsmit-
glieder diesen Zickenkampf meistens sehr amüsant; obwohl wir das ständige Hauen und Stechen eher als Zeit-
verschwendung verbuchten. Aber wir fühlten uns wie
Zuschauer am Ring und waren gespannt, welcher der
beiden schließlich der Sieg zugesprochen werden sollte
und welche wohl k.o. gehen würde.

Die erfahrene und geduldige Chefredakteurin nutzte
den Streit und gab den beiden viele gemeinsame Projekte,
die meistens gut wurden, weil jede versuchte, die andere
zu übertrumpfen. Immerhin waren beide als alte Profis
trotz aller Feindschaft noch in der Lage, zusammenzuarbeiten, jedenfalls unter der ständigen Beobachtung der
strengen Chefin. Mehr aber auch nicht. Keine hatte für
die andere ein gutes Wort übrig, beide schreckten auch
vor persönlichen Angriffen nicht zurück, jede streute
böse Gerüchte, lauerte der Gegnerin auf, bereit, ihr bald
ein Bein zu stellen. Alle anderen in der Redaktion ver-
mieden es wie selbstverständlich, sich auf eine Seite zu
schlagen, um nicht mit hineingezogen zu werden. Das
war schwer und anstrengend, denn die Gerüchteküche
bereitete immer wieder neue Menüs, und wir alle fun-
gierten als Multiplikatoren. Dass die eine wohl wieder
ein paar Kilo zugenommen hätte, die andere aussehe wie
ein Handfeger, waren noch die harmlosen Offerten. Man
konnte noch schlimmer: Die Beauty-Chefin bekäme
all ihre persönliche Kosmetik umsonst und bevorzuge
diese Marken bei der redaktionellen Berichterstattung.
Die Modechefin habe Kollektionsstücke verschwinden

lassen… – ja, es wurde permanent Gift und Galle serviert, man wunderte sich, wie zwei Menschen so viel Rufschädigendes beruflich überleben konnten. Bei der Weihnachtsfeier war es den beiden natürlich unmöglich, an einem Tisch zu sitzen, es kam zu einem kleinen Eklat; Umsetzen inklusive. Das war vor allem deshalb interessant, weil nur wenige Tische weiter zwei Manager, die auf höherer Ebene bekanntermaßen schärfste Konkurrenten waren, fröhlich miteinander auf das kommende Jahr anstießen; Männer eben.

Es gibt nur Feindschaft zwischen uns, signalisierten dagegen die beiden leitenden Redakteurinnen mit einer innigen Einigkeit, wie es sie fast nur unter Freundinnen geben kann. Übrigens erreichte keine ihr Ziel. Als der begehrte Posten schließlich vakant wurde, holte die kluge Chefin eine neue Redakteurin von außen und setzte sie den beiden Kampfhennen vor die Nase. Kein Wunder, denn auch in dieser Feindschaft brauchte es ein Gleichgewicht der Kräfte.

Da muss man sich doch wirklich fragen: Geht es nicht auch anders? Muss man sich entweder gleich spinnefeind sein oder allerliebste Freundinnen finden? Frauen fehlt im Job deutlich der sportliche Gedanke. Männer sehen auch harte Konkurrenten immer noch als Kollegen an, Sportsfreunde sind sie allemal, so etwas wie Busenfreunde wohl kaum. Für Männer ist es eine Selbstverständlichkeit, dass im Job jeder vorwärtskommen will. Sie zeigen Erfolg deutlich und gerne, Ehrgeiz gilt als gesund, und untereinander akzeptieren sich die Strebsamen als Sparringspartner; Schwächere werden dagegen einfach übersehen. Auf jeden Fall halten Männer untereinander immer eine gewisse Distanz. Der Sieger zeigt sich gerne stolz dem Publikum. Ein protziger Dienstwagen, ein tolles Handy, das bessere Büro, das schicke Laptop; Männer sorgen für diese Statussymbole und spielen gerne die Neidtasten.

Frauen ist Erfolg irgendwie peinlich. Sie verstecken ihn: «Da habe ich Glück gehabt», «Ich war zur richtigen Zeit am richtigen Ort», «Toller Zufall» sind die typischen Ausreden erfolgreicher Frauen. Statussymbole interessieren sie viel weniger. Vielleicht, weil sie die Neidstrafe fürchten. Zu Recht, beweisen Studien. Es funktioniert nicht, wenn Frauen ihren Erfolg ebenso glänzend darstellen wie Männer. Das kommt vor allem bei anderen Frauen überhaupt nicht gut an, man gönnt sich nichts. Schon gar nicht sollte man unter Frauen zugeben, welchen tollen Posten man anstrebt.

Natürlich brodelt es in den Frauencliquen trotzdem unter der Oberfläche, meist führen wir eine Art versteckten Kalten Krieg, das heißt, jede im Büro weiß, welche Waffen und Schlagkraft die andere besitzt, ahnt und mutmaßt, was sie erreichen will, und versucht, es hintenherum zu verhindern. Mit detektivischem Spürsinn verhören wir zum Beispiel so ganz nebenbei die Rivalin, vielleicht offenbart sich, was die Kollegin wohl vorhaben könnte und ob sie das womöglich auch erreichen könnte. Wir sind Weltmeisterinnen im Konjunktiv, direkte Fragen sind uns unangenehm. Und je weniger wir im ständigen Freundinnen-Getue Neid zugeben, desto mehr wächst er wie Unkraut im Verborgenen und bereitet den Boden für richtig gemeines Mobbing. Eine weitere, bekannte, wenig subtile Variante der Rivalität unter Frauen.

Die fiesen Tricks

Es sind die kleinen, subtilen Spitzen, mit denen Frauen andere vom Sockel kippen wollen: «Dein Vortrag war ganz toll, so viel Applaus! Gut, dass du so viele Freunde mitgebracht hast.» Es mag das eigene Selbstwertgefühl kurzfristig stärken, wenn man andere herabsetzt. Doch langfristig schmälert man innerlich damit auch seine eigene Leistung: Haben bei meinem Vortrag nicht auch nur die Freunde geklatscht?, muss man sich fragen. Noch gemeiner: «Dein Outfit war mal wieder toll, du sahst super aus.» Und kein Wort über die Rede? Über die Leistung, auf die es eigentlich ankam?

Manchmal ist Konkurrenz auch schwer zu durchschauen, ein Dschungel an Tricks. Was ist von der Kollegin zu halten, die immer so hilfsbereit ist? Die einem gerne Arbeit abnimmt, ganz freiwillig. Sie bemuttert und behütet einen, springt immer gerne ein. Wie nett? – Die Büro-Mutti hat ihre unselbstständigen Kids aber auch in der Hand, hält sie in Abhängigkeit.

Die andere ignoriert einen, bekommt morgens kaum den Mund zur Begrüßung auf. Blöde Kuh? Einfach zurückignorieren kann fatale Wirkung haben, das schlechte Verhältnis betoniert sich von selbst und die Feindin hat kein schlechtes Gewissen, wenn sie schließlich offen zum Kampf bläst.

Den Umweg hintenrum nehmen Frauen auch sehr gerne. Während Männer der Meinung sind, es gibt immer genug für alle, auch für die Kumpels im gegnerischen Lager, haben Frauen immer das Gefühl, dass für sie womöglich nichts übrig bleibt. Ob es die begehrte Teilzeit oder die ersehnte Abteilungsleitung ist, alles ist Mangelware. Da ist zwar etwas dran, aber das Problem der

Knappheit wird verschärft, wenn Frauen sich gegenseitig mit Intrigen und Ignoranz wenig sportlich aus dem Feld schlagen. Weil aber die Beute so knapp ist, versuchen Frauen, sich unbemerkt ans Ziel zu schleichen. Sie konkurrieren unbemerkt und deshalb oft unfair. Bloß nicht offen sagen, wo sie hinwollen. Oder die Rivalin nach ihren Zielen fragen. Bestimmt ist kein Platz für zwei, drei oder mehr Frauen. Oft gibt es dabei nur weibliche Verlierer. Der lachende Dritte ist nicht selten ein Mann.

Opferrolle

Dass Frauen lieber Frauen schikanieren, jedenfalls im
Job selten Männer quälen, belegt der Mobbing-Report
der Bundesanstalt für Arbeitsschutz und Arbeitsmedi-
zin aus dem Jahr 2004: Frauen werden zu 57,1 Prozent
von Frauen und zu 42,9 Prozent von Männern gemobbt;
Männer werden nur zu 18,3 Prozent von Frauen und zu
81,7 Prozent von Männern in die Mangel genommen.
Das bedeutet, dass für Frauen das Risiko größer ist, von
einer Frau angegriffen zu werden, als von einem Mann.
In Deutschland gibt es etwa eine Million Mobbing-Opfer,
mehr als 75 Prozent davon sind Frauen. An einem Arbeitsplatz mit überwiegend Frauen zum Mobbing-Opfer
zu werden heißt, dass man kaum noch eine Chance hat.
In Frauenredaktionen konnte ich diese Form des weiblichen Konkurrenzkampfes gut beobachten. Wenn es ganz
besonders freundschaftlich und nett zugeht, ist die Gefahr besonders groß, dass eine die sehr undankbare Rolle
des Opfers spielen muss. Sie hat dann gar keine Chance.

Ich weiß bis heute nicht genau, was Maike falsch gemacht
hatte. War es ihr Blondie-Paris-Hilton-Look? War es ihre
Pieps-Stimme? War es ihre Schusseligkeit? Waren es die
falschen Schuhe, diese albernen Stiefelchen? Oder war
sie tatsächlich dem Job nicht gewachsen?

Wir hatten damals in der Textredaktion einer Frauenzeitschrift ein sehr nettes, familiäres Team. Ständig
brachte jemand Kuchen oder Schokolade mit, häufig hieß
es: Gleich gibt's einen Prosecco draußen auf dem Gang.
Jede feierte ihren Geburtstag mit selbst gemachten oder
im Edelfeinkostladen erworbenen Köstlichkeiten. Mittags gingen alle zusammen zum Italiener. Gemeinsam

wurden Überschriften getextet, in ungewöhnlich großer Team-Runde Themen miteinander besprochen. So war es, als Maike eingestellt wurde. Sie sollte Interviews machen und Porträts, vor allem im Kulturbereich. Damals dachte ich tatsächlich, sie passt nicht zu uns. Heute glaube ich eher, dass wir sie um diesen Job beneideten und sie mit ihrer Unsicherheit eine perfekte Zielscheibe für Mobbing bot. Jedenfalls hatte sie keine Chance. Nie wurde sie aufgefordert, mittags mit zum Essen zu gehen, wir schlichen uns kichernd an ihrem Zimmer vorbei, damit sie bloß nicht auf die ungute Idee kommen könnte, zu fragen, ob sie mitdarf. Niemand half ihr beim Überschriftentexten oder wenn sie Themen für eine Konferenz vorbereiten musste. Jede fürchtete natürlich, ebenfalls in die Außenseiterrolle zu geraten, wenn sie Maike zu nahe käme. Unsere freundschaftlich-kuschelige Bande übte natürlich auch knallharte Kontrolle aus, jede musste sich anpassen; wer nicht drin war, saß chancenlos am Rand. Es war wie zu Teenagerzeiten, wenn Mädchen austesten, welche Macht sie haben. Über Maike wurde täglich gelästert. Über ihre Schlampigkeit. Was für ein Hallo, eine Freude und Häme, als sie einmal einen wichtigen Interview-Termin verpasste. Alle jubelten; sie habe die Adresse nicht gefunden, wurde kolportiert. Ein Blödie eben.

In den großen Konferenzen konnten ihre Gegnerinnen immer wieder nachweisen, dass sie nicht auf dem aktuellsten Stand der Informationen war. Sie wurde systematisch demontiert. Und sie wehrte sich nicht, sie biss die Zähne zusammen, versuchte, ihre Außenseiterrolle einfach zu ignorieren. Vielleicht dachte sie: «Ich muss ja nicht dazugehören.» Kaum vorstellbar, dass sie gar nichts bemerkte. Jedenfalls machte sie immer mehr Fehler, es war die typische Self-fullfilling-Prophecy, die sich selbst erfüllende Prophezeiung. Sie wurde schlechter und schlechter im Job, und wir anderen hatten es ja von Anfang an gewusst. Lange bemühte sich der stellvertretende Chefredakteur, sie zu schützen; er beriet mit ihr Layouts, besprach geduldig Themen und Texte mit ihr. Bis er merkte, dass seine Mentee ihm mehr schadete, als er verkraften konnte. Auch er wollte es sich mit der «tollen Redaktion» nicht verscherzen. Er ließ sie fallen und schon bald musste Maike gehen. Hatten wir unser Ziel erreicht? Ehrlich gesagt, ich weiß gar nicht, welches Ziel das gewesen sein könnte. Bestimmt gab es ja zwei oder drei, die gerne Maikes Job gemacht hätten, aber wir waren doch nicht alle neidisch und eifersüchtig auf die arme Blondine? Vielleicht war unser Ziel einfach, den Zusammenhalt in unserer Gruppe zu stärken, indem wir mal so richtig jemanden ausgrenzten. Maikes Job bekam jedenfalls keine von uns, wollte ja auch keine, oder? Jedenfalls hätte das niemand zugegeben. Sollte da eine neidisch gewesen sein?

In der Kuschelecke

Frauen sind einfach die besseren Mobbing-Opfer, weil sie Konflikte nicht offen ansprechen. Sie versuchen, dem Ärger aus dem Weg zu gehen, und geraten damit immer tiefer ins Dilemma. Ich selbst habe im Laufe meines Berufslebens zwar noch nicht wissentlich Mobbing erfahren, aber trotzdem gelegentlich erleben müssen, wie schwer es ist, sich in so einem eingeschworenen Frauenteam durchzusetzen. Denn das Motto dieser so netten Teams, in denen lauter beste Freundinnen sind, heißt: Friss oder stirb! Das bedeutet: Entweder wird man Gleiche unter Gleichen, passt sich an, oder man bleibt Außenseiterin, wird toleriert oder bestenfalls als anders akzeptiert. In diesen eingeschworenen Gemeinschaften haben sich befreundete Kolleginnen so gleich geschliffen, dass sie fast immer eine Meinung vertreten können und scheinbar das gleiche Ziel verfolgen. Sie kennen gegenseitig ihr komplettes Privatleben, treffen sich nach der Arbeit, sind sich über Leben, Liebe, ja das ganze Universum einig. Das ist zwar ein gutes Arbeitsklima, aber nur, solange nicht gemobbt und keine Konkurrenz spürbar wird. Kreativität und Diskussionsbereitschaft bleiben in solchen Teams leider oft auf der Strecke, Entwicklungen stagnieren sehr häufig in kollektiver Einigkeit, sagt eine ehemalige Ressortleiterin, die viele Jahre in Frauenredaktionen arbeitete. Wenig neue Impulse würden aufgenommen, man bestärke sich ja ständig gegenseitig. Was die Mehrheit meint, muss richtig sein. So lange, bis eine Änderung von Außen aufgezwungen wird. Etwa eine neue Vorgesetzte hinzukommt, jemand aus dem Team befördert wird oder die Chefredaktion gleich ganz wechselt.

Ich hatte die Gelegenheit, Silvia Neid, die Fußball-

Trainerin unserer tollen Frauennationalmannschaft, zu fragen, wie denn in diesem Teamsport unter Frauen mit der Konkurrenz umgegangen werde. Konkurrenzverhalten, so ihre Meinung, sei natürlich wichtig für das Team: «Das hat überhaupt nichts mit Neid und Missgunst zu tun, sondern mit dem Willen, einen Stammplatz in der Startelf zu ergattern», so die Meinung von Coach Silvia Neid. «Eine Spielerin muss sich von den Leistungen ihrer Mitspielerinnen antreiben und inspirieren lassen, wenn sie besser werden will. Das allerdings vor dem Hintergrund, dass wir mit Fußball einen Mannschaftssport betreiben, in dem es wesentlich darauf ankommt, dass das Kollektiv funktioniert.» Das heißt, in der Mannschaft wird konkurriert, aber das Team tritt trotzdem geschlossen auf. Frauen können damit sehr erfolgreich sein, wie das Vorbild unserer Weltmeister im Frauenfußball zeigt. Wer jetzt einfach sagt: «Ach, das ist doch völlig logisch», der frage sich doch einmal ganz ehrlich, wie oft er in einem Frauenteam offen konkurriert und trotzdem freundschaftlich zusammengearbeitet hat.

Ja, wenn sie wollen, sind Frauen durchaus auch zu offener Konkurrenz fähig: nämlich dann, wenn sie mit einem Mann in Wettbewerb stehen. Da sich die gesellschaftliche Situation doch schon so weit geändert hat, dass auch immer mehr Frauen Karriere machen, haben viele gelernt, nach männlichen Regeln mit Männern zu konkurrieren. Ihre Studien ergaben, dass der Machtkampf zwischen Mann und Frau ganz gut funktioniert, sagt Anja Busse, die weibliche Kommunikationsprobleme in Unternehmen erforscht hat. Das heißt, Frauen haben die Oberfläche im Griff, sie treten selbstbewusst auf, lernen, sich zu verkaufen, nicht zu viel und nicht zu wenig, schlagen manchmal auch ein Rad wie ein Pfau. Ähnlich wie die Männer. Damit können Männer umgehen; weibliche Emotionalität, und vor allem dieses fatale Gefühl «Warum-mag-mich-keiner?» laufen bei ihnen allerdings ins Leere, meint Rhetorik-Trainerin Busse. Männer achten und respektieren Konkurrenten, sie wollen sich gerne mit starken Gegnern messen, das spüren Frauen und können dann offen Rivalität zeigen.

Ganz anders leider, wenn Frau gegen Frau antritt. Schon beginnt das, was so gerne Zickenkrieg genannt wird – bist du nicht meine liebe Freundin, bist du meine ewige Feindin: Die Gewinnerin kickt die Verliererin schließlich so weit aus dem Feld, dass diese am Boden zerstört ist. Chefinnen beißen ihre Nachfolgerinnen weg, als sei es das erste und wichtigste Ziel, zu verhindern, dass noch mehr Frauen durch die gläserne Decke aufsteigen. «Gläserne Decke», dieser Begriff wurde vor mehr als 25 Jahren von Forschern geprägt, um das Phänomen zu bezeichnen, dass die meisten hochqualifizierten Frauen auf der Ebene des mittleren Managements hängen bleiben und nicht bis in die Führungsetage kommen. Und das, obwohl sie mindestens die gleichen Leistungen erbringen wie ihre bevorzugten männlichen Kollegen. Daran sind aber nicht nur die Männer schuld, die Frauen nicht fördern. Kolleginnen erdrücken sich in ängstlicher Freundschaft und penetrantem Bemuttern, so dass jede Karriere in weite Ferne rückt. Andere zetteln sinnlose Kriege an, vergeuden ihre Energie im Kampf gegen die Rivalin. Das ist kein privates Problem, sondern für Unternehmen häufig der Gau: Zickenkrieg und Stutenbissigkeit kosten Geld, denn die Arbeit bleibt bei aller Feindschaft liegen.

Kein Wunder also, dass Frauen sagen, sie arbeiteten grundsätzlich lieber mit Männern zusammen: 41 Prozent finden es interessanter, 45 Prozent geben an, gerne mit Männern zu arbeiten, nur 14 Prozent finden, dass es leichter ist, mit weiblichen Kolleginnen im Job zusammenzuarbeiten, so die amerikanische Frauenforscherin Shere Hite. 14 Prozent: ein Armutszeugnis für die weibliche Solidarität, die doch unter Kolleginnen oft so glänzend scheint.

Diese Unfähigkeit zur streitbaren Gegnerschaft oder einem freundlichen Konflikt ist kein kleines Problem, Business-Expertinnen wie Monika Keuthen weisen darauf hin, dass dieses Verhalten viele Unternehmen ein Vermögen, und viele Frauen den verdienten Erfolg kostet. Denn es leidet vor allem die Qualität der Arbeit. Bestens ausgebildete Frauen werfen als Außenseiterinnen enttäuscht das Handtuch, oder alle leiden irgendwann in Freundschaft vereint frustriert vor sich hin. Schlimmstenfalls endet die Rivalität im Jobverlust. Viele Frauen bedauern, dass sie anderen Frauen herzlich begegnet sind, und haben künftig keine Lust mehr, in Frauengesellschaft zu arbeiten.

«Diese ständigen Nikolausi- und Osterhasi-Partys auf dem Gang, dieses Zusammengeglucke, Pseudoproblembewusstsein, dieses Geläster und Gezicke, ich hasste es», erzählt mir eine leitende Redakteurin, die den Weiberclans der Frauenzeitschriften für immer den Rücken gekehrt hat und die niemals mehr irgendwo arbeiten will, wo Frauen in der Mehrheit sind, wie sie sagt. Das kann ja nicht so schwer sein, denn meistens arbeiten hochqualifizierte Frauen eher und mehr mit Männern als Frauen zusammen. Denn ganz oben auf der Karriereleiter kommen wir Frauen ja immer noch selten vor.

Die Bienenkönigin

Sandra ist eine Frau, die man nur bewundern kann. Sie hat sich auf einem für Frauen harten Karriere-Pflaster bewährt, in der Wissenschaft. Dort, wo Frauen als Studentinnen häufig vorkommen, als Dozentinnen selten und als Professorinnen rar sind. Sie ist 37 Jahre alt und hat gerade ihre Habilitation in Wirtschaftswissenschaften beendet. Überall steht zu lesen, dass Deutschland mehr Frauen in der Wissenschaft braucht, dass dort noch lange keine Emanzipation erreicht ist, sich etwas ändern muss. Im Jahr 2005 lag die Zahl der Professorinnen gerade mal bei 14,3 Prozent und die der Habilitierten bei 23 Prozent. Dabei ist längst über die Hälfte aller Hochschulabsolventen weiblich.

Eine Habilitation erfordert jahrelange Forschung, Dozententätigkeit, Vorträge, harte, schlecht bezahlte Arbeit. Sandras schriftliche Habilitation wurde von den Gutachtern «nachdrücklich empfohlen», dann stand die mündliche Prüfung an, ein Klacks, so dachte jeder, der sie kennt. In der Prüfungskommission saßen zehn Männer und zwei Frauen, eine davon die Gleichstellungsbeauftragte der Fakultät. Sandra bestand nur haarscharf, wäre beinahe durchgefallen. Fünf Professoren stimmten gegen sie, darunter beide Frauen. Als eine von ihnen Sandra zu der erfolgreichen Prüfung gratulierte, ließ sie durchblicken, welche Gründe sie hatte, gegen die junge angehende Professorin zu stimmen: Sandra habe versucht, auf dem Frauen-Ticket zu fahren. Damit habe sie sich abgewertet, das solle sie besser nie wieder tun, wenn sie weiterkommen wolle. Sandras Verbrechen, das sie beinahe die Habilitation gekostet hätte: Sie hatte in der kurzen Begrüßungsansprache ihre beiden Kinder erwähnt.

Verwerflich, denn so hatte sie sich die beiden Frauen von vornherein zu Gegnerinnen gemacht.

Ein Frauen-Ticket, genauer: ein Mutter-Ticket also. Aha. Zuerst einmal muss ich hier grundsätzlich fragen: Ist es schlimm, auf so einem Ticket zu fahren? Als ich vor Jahren, jung und engagiert, in einer Lokalredaktion arbeitete, schrieb ich in einem Artikel über einen erfolgreichen Politiker, dass er seine Karriere auch seinem berühmten Vater zu verdanken habe. Der Lokalchef strich mir diesen Satz raus, mit der Begründung: «Jeder hat einen Vater!» Er fand es normal, mit dem Berühmter-Vater-Ticket weiterzukommen; ich ärgerte mich. Gute Beziehungen zu haben ist doch keine Leistung, fand ich. Heute muss ich sagen, der gute Lokalchef hatte Recht, jeder Mensch fährt auf irgendeinem Ticket, der eine hat familiäre Beziehungen, der andere Freunde, eine sieht gut aus, die Nächste hat eine charismatische Stimme, eine ist reich, ein anderer hat sich aus der Gosse hochgearbeitet und erhält deshalb mehr Bewunderung. Es ist niemals nur ausschließlich die eigene Leistung, die zählt. Ja, es gibt sogar eine ganze Menge unbewusster, sozusagen automatischer Tickets.

So schrieb «Die Zeit» kürzlich: Dass Frauen in Deutschland so viel weniger verdienen als Männer liege daran, dass die Personalchefs bei einem männlichen Bewerber das Bild des Familien-Ernährers vor Augen hätten. Ohne dass dies thematisiert würde, bekämen Männer deshalb von vornherein mehr Geld und leichter Beförderungen als Frauen. Alle Männer fahren also auf dem Familienernährer-Ticket; ob das die für Gleichstellung zuständige Professorin okay findet? Ob Männer das traurig macht?

Das Fatale ist, wir Frauen mögen diese Ticket-Deals nicht. Wir wollen ausschließlich sachbezogen beurteilt werden, sonst fühlen wir uns und unsere Leistung nicht anerkannt. Und weil wir mit uns selbst so hart sind, möchten wir auch keiner anderen Frau erlauben, den eventuell etwas leichteren Weg zu gehen. Damit würden wir unsere eigene Leistung abwerten, meinen wir.

Nur die Harten kommen in den Garten, heißt es speziell in Bereichen, in denen Frauen deutlich in der Minderheit sind. Frauen stünden hier in besonders kriegerischer Konkurrenz und praktizierten ihren eigenen internalisierten Sexismus, indem sie andere Frauen härter beurteilten, als Männer es tun würden, schreibt die amerikanische Psychologie-Professorin Phyllis Chesler: Sexismus unter Frauen, so nennt Chesler es tatsächlich, und belegt es mit einigen interessanten Studien. Vor allem Chefinnen in den Branchen, in denen wenige Frauen nach oben steigen, stellten an nachrückende Geschlechtsgenossinnen höhere Anforderungen, beurteilten sie vermeintlich objektiver nach Leistung, lehnten sie häufiger ab. Das Patriarchat und das ökonomische System habe hier die Regeln bestimmt, meint Feministin Chesler: Wenn es nur einer geringen Anzahl von Frauen erlaubt werde, in bestimmte Bereiche vorzudringen, sind die wenigen, die es schaffen, etwas ganz Außergewöhnliches. Darauf sind sie stolz. Um das auch zu bleiben, müssen die raren Chefinnen in männerdominierten Firmen aufpassen, dass nur besonders gute Frauen vorwärtskommen – und natürlich auf keinen Fall zu viele.

Den Begriff Queen Bee, Bienenkönigin, prägten die Autoren einer älteren amerikanischen Untersuchung. Er ist heute im Amerikanischen ein geflügeltes Wort. Gemeint sind Chefinnen in männerdominierten Bereichen. Ich habe bei dem Bild immer eine große starke Bienenkönigin vor Augen, inmitten von fetten Drohnen, außen herum fliegen fleißig die Arbeitsbienen, aber sie können niemals Königin werden. Die Bienenkönigin, so die Forscher, bringt dem System, das sie an die Spitze gebracht hat, wenig Kritik entgegen und wird von den Männern für ihre außergewöhnliche Leistung gelobt und gepäppelt. Denn sie hat ja auch eine Alibifunktion für das wenig gleichberechtigte Männersystem. Die Bienenkönigin identifiziert sich mit ihren männlichen Kollegen und nicht mit anderen Frauen, die ihr ja den Status als Königin streitig machen könnten. Umgekehrt hassen Frauen, die unter diesen Herrscherinnen arbeiten müssen, die vorgesetzten Frauen und beschreiben sie oftmals nicht zu Unrecht als vermännlicht, männerorientiert und hart konkurrierend. Sie hätten lieber gleich einen Mann als Chef, fasst Chesler zusammen. In solchen Firmen konkurrieren alle Frauen fast ausschließlich mit Frauen, vergleichen sich selten mit männlichen Rivalen, die dann natürlich ein leichtes Spiel haben. Das System stabilisiert sich quasi von selbst.

Eine Freundin, die ebenfalls im männerbestimmten deutschen Wissenschaftsbetrieb um ihre Karriere kämpft, erzählte mir, dass Osteuropäerinnen an deutschen Universitäten von anderen Frauen besonders misstrauisch beäugt werden. Hätten diese Damen doch tatsächlich nicht erkannt, dass es für hehre Forscherinnen ein ungeschriebenes Gesetz gibt, das die Verhüllung der Weiblichkeit mit schwarzen Hosenanzügen, grauen Kostümen, zugeknöpften Blusen und dezenter Schminke vorschreibt. Maximal ein bunter Seidenschal oder knalliges Jackett darf gewagt werden. Die Wissenschaftlerinnen aus Osteuropa trügen gerne leuchtenden Lippenstift, auffällige High Heels, tief ausgeschnittene Dekolletés, enge, manchmal sogar kurze Röcke. Das falle aber weniger den Männern auf als den anderen Frauen. Denn die vermuten, dass die sexy Konkurrenz zielgerichtet vorgeht und mal wieder auf einem Frauen-Ticket fahren will; dem Flirt-Ticket, mit dem sie womöglich ein Hochschlafen-Ticket erwerben könnte. Hochschlafen, das ist einer der übelsten Vorwürfe unter Rivalinnen. «Die hat sich hochgeschlafen» lautet eine Rufmordformel. Ich glaube mittlerweile, wenn eine Frau gar nichts kann, dann hilft auch Hochschlafen nichts. Ich finde das Hochschlafen-Ticket auch nicht schlimmer als das Reiche-Eltern-Ticket oder das Bester-Golffreund-Ticket, abgesehen davon, dass es ein gefährliches Spiel sein kann, wenn man sich dabei emotional verstrickt. Wofür Frauen natürlich prädestiniert sind. Was ist eigentlich aus der berühmtesten Hochschläferin der Welt, Monica Lewinsky, Großartiges geworden? Jedenfalls kommt mir – bei allen üblen Strategien, Umstrukturierungen, Mobbing und Outsourcing, die aktuell an Arbeitsplätzen gang und gäbe sind – ein bisschen Sex mit dem Chef eher harmlos vor. Ist natürlich Geschmackssache, vor allem, was den Chef betrifft.

Warum eigentlich soll eine Frau, wenn sie Karriere macht, ihre Weiblichkeit völlig verstecken? Ich verstehe diesen Zusammenhang nicht, offenbar vertragen sich Erfolg und Macht nicht damit, Frau zu sein? Und warum lästern besonders Frauen, wenn eine Karrierefrau mal nicht die graue Maus spielt. «Hast du das Dekolleté von Angela Merkel gesehen?», fragt eine Freundin mit Entsetzen in den Augen. Ich fand das schön, die Kanzlerin konnte es sich leisten. Sah doch gut aus, der Ausschnitt ihrer Abendrobe bei der Opernpremiere in Oslo. Etwas ungewohnt nach all den Jahren in geschlechtsneutralen Hosenanzügen. An denen aber immerhin schon länger nicht mehr herumgemäkelt wurde, weil sie immer perfekter wurden, so wie übrigens ihre Frisur nicht mehr kommentiert wird. Ich fand das Abendkleid selbstbewusst und angemessen elegant, dieses schwarze Kleid mit petrolfarbener Stola, das am nächsten Tag in allen deutschen Zeitungen zu sehen war. «Stellen Sie sich mal vor, wie ein Mann solche Schlagzeilen erzielen könnte», fragte zum Beispiel eine sogenannte Expertin für Businesskleidung in der Presseschlacht nach dem Auftritt der Kanzlerin aufgeregt. Diese Autorin, eine Frau, wie sollte es anders sein, verglich Merkels Outfit mit einem bis zum Bauch aufgeknöpften Hemd beim Mann. Bitte, liebe Geschlechtsgenossinnen, möchte ich da schreien, seid ein bisschen toleranter oder wenigstens sachlicher: Dekolleté, dachte ich, gehört seit jeher zur großen Abendrobe einer Dame. Das kann man doch nicht mit der entblößten Brustbehaarung männlicher Rolexträger vergleichen. Merkel hatte außerdem keinen Termin als Politikerin zu Verhandlungen um die Rentenerhöhung, sondern war zu einem festlichen Anlass in der Oper geladen. Darf sie als Kanzlerin selbst dort nicht Frau sein, ein angemessenes weibliches Outfit tragen? Ich hoffe, sie hat es nicht bereut.

Es ist Frauen in Führungspositionen wohl nicht erlaubt, weiblich zu erscheinen. «Wenn eine beweisen will, dass sie sowohl als Frau als auch als Chefin glänzen kann, dann hat sie eigentlich immer Gegenwind», sagt Rosabeth Moss Kanter, Professorin der Harvard Business School, in der «New York Times». Frauen könnten entweder kompetent sein; oder sympathisch, weiblich und menschlich erscheinen. Sandra, der angehenden Professorin, tat es schließlich sehr leid, versehentlich eine Frauenkarte, die menschliche Mutter-Karte, gespielt zu haben. Sie hatte keine Ahnung, was sie damit anrichtete, ihre Kinder zu erwähnen. Dass sie das beinahe die Habilitation gekostet hätte. Sie wäre nie auf die Idee gekommen, damit womöglich von einer schwachen Leistung ablenken zu wollen. Oder irgendwelche Sympathiepunkte einzuheimsen. Aber ist es nicht anerkennenswert, mit 37 Jahren zu habilitieren und obendrein auch noch zwei Kinder großzuziehen? Viele Firmen, Chefs und auch Chefinnen erkennen diese Gesamtleistung mittlerweile an, sie haben sich die Vereinbarkeit von Familie und Beruf auf ihre Fahnen geschrieben, sie machen Werbung mit den Preisen, die sie für eine familienfreundliche Politik bekommen. «Der Spiegel» berichtete kürzlich auf mehreren Seiten über ein großes Computerunternehmen, das besonders gerne Mütter einstellt. Das sei ein erfolgreiches Konzept.

Die andere Generation

Leider ist diese moderne Haltung zu Müttern, die Karriere machen, noch nicht überall angekommen. Es wundert nicht, dass dieser Fortschritt vor dem männlich dominierten Wissenschaftsbetrieb haltmacht. Besonders traurig ist an diesem Fall, dass ausgerechnet Frauen für dieses Thema nicht viel übrig haben. Und das liegt nicht nur daran, dass sie an den Universitäten deutlich in der Minderheit sind und deshalb mit anderen Frauen besonders stark konkurrieren; es liegt auch mal wieder ganz speziell an diesem Mutterthema.

Die beiden älteren Professorinnen in Sandras Prüfungskommission stammen noch aus einer Generation, in der Frauen, wenn sie Karriere machen wollten, ihre Kinder besser verschwiegen. Heimlich kauften sie nach der Arbeit Breigläschen und Windeln. Kinderbetreuung, Hausaufgaben, Pubertät oder andere nachwuchstypischen Probleme waren privat. Das alles mussten sie alleine stemmen oder den Beruf ganz lassen. Viele mussten sich entscheiden: Kind oder Karriere.

Da Akademikerinnen heute eher vorgeworfen wird, einen gesellschaftlich schädlichen Gebärstreik auszutragen, hat sich die Meinung geändert: Kind und Beruf müssen sich nicht mehr ausschließen. Nein, viel mehr noch: Starke Frauen sollten möglichst in beiden Disziplinen glänzen: Kinder und Karriere, das erhält Beifall. Das muss für ältere Frauen, die heute an der Spitze stehen, eine bittere Pille sein, denn sie mussten für ihren Erfolg auf viel mehr verzichten. Damals überwog noch die Meinung, Kind und Karriere passten nicht zusammen. Es war nicht üblich, dass geklatscht wurde, wenn eine Frau beides wollte. Nun folgt eine junge Generation, die viel mehr haben kann, ja, sogar soll, auch wenn sie dabei häufig überfordert wird; die es aber insgesamt schon etwas leichter hat, Kinder und Karriere zu vereinbaren. Es ist auch eine Konkurrenz zwischen den Generationen, die da im Berufsleben ausgetragen wird. Die Lebenspläne, die junge Frauen heute verwirklichen können, die Wahlfreiheit, die sie haben, sind zwar noch lange nicht das, was einer emanzipierten Gesellschaft entspräche; doch es ist schon viel mehr, als die Generation der Mütter oder Frauen, die heute jenseits der fünfzig sind, erwarten durften.

Der Prada-Teufel

Wenn sie dem Büro naht, dann zittern alle Angestellten. Schmallippig steif steht sie im Aufzug. Der Drache kommt. Sie schmeißt Handtasche und Mantel in demütigender Weise auf den Schreibtisch ihrer Sekretärin, die nun schnell das Frühstück bringen muss. Sie schikaniert ihre Mitarbeiter, verurteilt sie zu anstrengender Kleiderordnung, spielt alle gegeneinander aus, schreckt nicht vor persönlichen Kommentaren unter der Gürtellinie zurück – «dickes Mädchen», sagt sie etwa zu ihrer Assistentin, die Kleidergröße 36 trägt. Meryl Streep verkörpert, in ihrer Paraderolle als tyrannische Chefin Miranda Priestly, das Klischee des schrecklichen weiblichen Bosses in dem Film «Der Teufel trägt Prada». Für dieses furchterregende Wesen gibt es ein reales Vorbild: die amerikanische Vogue-Chefredakteurin Anna Wintour.

Herrschsüchtige Monster, falsche Schlangen, so lauten die Meinungen über Frauen, die es an die Spitze geschafft haben.

Grausamer, als ein Mann es je sein könnte? Es ist meist einfach ein Vorurteil, wenn Frauen abgelehnt werden als Chefin. In Befragungen sagen Männer wie Frauen meistens, sie bevorzugten einen männlichen Boss. So ergab eine Umfrage des Ifak Markt- und Sozialforschungsinstituts aus dem Jahr 2007, dass 30 Prozent der Männer und 40 Prozent der Frauen eine männliche Führungskraft haben möchten. Immerhin noch 20 Prozent der Frauen wünschen sich eine Chefin. Bei den Männern sind es nur neun Prozent. Es hat sich nichts geändert, seit Forscher 1968 den Namen «Goldberg-Paradigma» prägten. Der Begriff geht zurück auf ein Experiment: Testpersonen bekamen alle den gleichen Text zu lesen.

Der einen Gruppe wurde gesagt, der Text stamme von einem Mann, den anderen Probanden sagte man, eine Frau habe ihn geschrieben. Immer bekamen die vermeintlich männlichen Worte die bessere Bewertung, ganz egal, in welchem Land der Erde der Test durchgeführt wurde.

So weit das Vorurteil. Und nun die Realität: Es gibt ganz sicher mehr schlechte männliche Chefs, allein schon deshalb, weil es mehr Männer auf die Boss-Ebene schaffen. In der Wirklichkeit macht das Geschlecht der Führungsperson dann wenig Unterschied, denn in einer anderen Untersuchung der Ifak von 2006 zeigt sich, dass sowohl der Führungsstil als auch einzelne Eigenschaften bei Chefs und Chefinnen von ihren Mitarbeitern gleich bewertet wurden. Ob Mann oder Frau – bei der realen Zufriedenheit oder Unzufriedenheit mit den Vorgesetzten gibt es keine Unterschiede. So sieht die Wirklichkeit ohne Vorurteile aus: In Deutschlands Führungsetagen dominiert nach wie vor der «klassische» Stil, egal, ob männlich oder weiblich, die Vorgesetztenrolle wird hierarchisch gelebt. 52 Prozent der Befragten mit weiblichen Vorgesetzten beschreiben so das Verhalten ihrer Chefin, 54 Prozent sind es bei den Befragten mit männlichen Vorgesetzten. Dagegen bezeichnen 44 Prozent, die eine Frau als direkte Vorgesetzte haben, diese mit «wie eine Teamkollegin», 41 Prozent derjenigen mit männlichen Vorgesetzten empfinden diesen «wie einen Teamkollegen». In der Berufswelt scheinen die Unterschiede zwischen männlichem und weiblichem Führungsstil also tatsächlich nur gering zu sein.

Dass Männer wie Frauen eher männliche Führungskräfte bevorzugen, liegt also weniger an den mangelnden Qualitäten von Frauen, als vielmehr daran, dass sich Vorurteile halten können, weil es weniger Erfahrungen mit Chefinnen gibt. Im Jahr 2007 hatten mehr als drei Viertel der Erwerbstätigen einen männlichen Vorgesetzten (77 Prozent) und weniger als ein Viertel (23 Prozent) einen weiblichen. Und je weiter man nach oben blickt, desto rarer sind Frauen. Unter den Topverdienern im Kreis der Dax-Vorstände sind Männer immer noch fast unter sich. Knapp darunter, im deutschen Topmanagement, findet man selten Frauen, da liegt ihr Anteil im einstelligen Prozentbereich. Tendenz – es geht bergab: Waren Anfang 2007 noch 7,46 Prozent der Topmanagerinnen Frauen, so ging die Zahl in nur einem Jahr auf 5,65 Prozent zurück. In Deutschland gibt es gar nicht genug Chefinnen, um beurteilen zu können, ob sie schlechter wären als Männer; nur wenige einsame Ausnahme-Frauen ganz oben an der Spitze.

Stellvertretende Freundin

Am schönsten, so denken Frauen, wäre es doch als Chefin, eine Freundin an der Seite zu haben. Eine, die immer loyal ist, die einen kennt, unterstützt, die einen mag. Und die einem vor allem nie in den Rücken fällt. Dass sich Freundschaft und berufliche Hierarchien leicht im Weg stehen, davon weiß meine Freundin Margit eine Geschichte zu erzählen.

Eine einsame Chefin hatte ihre Freundin Silvia nicht sein wollen. Deshalb hatte sie Margit geholt und sie zu ihrer Stellvertreterin gemacht. Die beiden waren zu diesem Zeitpunkt allerbeste Freundinnen. Silvia hatte sich einige Jahre zuvor als Architektin selbstständig gemacht. Angefangen hatte sie mit dem Umbau einer Kantine für einen großen Elektronik-Konzern. Zuerst arbeitete sie nur mit einer Praktikantin im Homeoffice, dann kam immer mehr Arbeit hinzu: Kinderkrippe, Ausbau einer denkmalgeschützten Filiale, viele neue Kunden und gewonnene Wettbewerbe. Bis Silvia plötzlich Chefin von zehn Mitarbeitern in einem gut gehenden kleinen, aber eigenen Architekturbüro war. Margit kannte sie schon seit vielen Jahren, sie hatten sich bereits während des Studiums getroffen. Gemeinsam mit ihren Männern gingen sie zum Bergwandern, teilten die Leidenschaft für gute Weine oder trafen sich zu Spieleabenden. Sie sahen sich regelmäßig, es gab so viele gemeinsame Themen: Kinder, Männer, Job.

Als Silvia Margit fragte, ob sie bei ihr einsteigen wollte, war Margit gerade festangestellt in einer anderen Stadt, sie pendelte regelmäßig zwischen Arbeit und Familie. Margit fand das Angebot verlockend, kündigte und stieg bei Silvia als deren Stellvertreterin ein.

Schon bald gab es Probleme, die beiden Frauen verstanden sich nicht. Vor allem Margit fühlte sich nicht wohl in ihrer Rolle: «Die dachte wohl, mit ihrer Freundin hat sie eine treue Gefährtin an ihrer Seite, und wollte mich nur deshalb», meint Margit heute ziemlich frustriert. Man achte auf das «nur», wir wissen: Für eine Frau kommt es einer persönlichen Attacke gleich, wenn jemand sie nicht ausschließlich wegen ihrer hervorragenden Leistungen engagiert. Margit fühlte sich als Freundin unterbewertet, sie, die auch immer eine tolle Karriere gemacht hatte, verglich sich ständig mit Silvia, der Chefin.

Silvia wollte wohl vor allem eine Verbündete an ihrer Seite haben, aber natürlich auch eine fähige ehrgeizige Arbeitskollegin. Aber wie weit darf der Ehrgeiz in der Firma der Freundin gehen? Sie habe sich in dieser Konstellation nie locker gefühlt, sagt Margit.

Es kriselte und schon bald gab es den ganz großen Krach, in einer geradezu symbolischen Situation: Margit saß an Silvias Schreibtisch, um die aktuelle Fassung eines Entwurfes für einen wichtigen Wettbewerb herauszusuchen. In dem Moment kam Silvia in den Raum, sah – wahrscheinlich das Sinnbild ihrer Ängste – die Stellvertreterin auf ihrem Chefsessel. Und rastete aus. «Was tust du da? Was soll das?» Margit hatte da bereits die Nase voll: «Was soll ich hier schon machen, spionieren natürlich», antwortete sie in Rage. «Raus», schrie Silvia, «ich kann dein Gesicht nicht mehr sehen!» Ein klarer Schlag unter die Gürtellinie.

Margit erzählt, sie habe nie mit ihrer Meinung hinterm Berg gehalten; nicht nur bei internen Konferenzen, auch in Gegenwart von Kunden fand sie es selbstverständlich, Silvia zu widersprechen. Die reagiert zuerst mit Schweigen, dann mit Mobbing, wie Margit es nennt. Chefin

Silvia zieht Margit nur noch bei wenigen Entscheidungen hinzu, lässt sie einfach links liegen. Erst spät sucht sie das klärende Gespräch. «Sie meinte dann, ich würde ihr ständig in den Rücken fallen», erzählt Margit, «dabei habe ich doch bloß meine Meinung gesagt.» Sie fühlte sich völlig unschuldig und in der Opferrolle. Silvia fand: «Wir verstehen uns nicht mehr.» «Wir hatten einen völlig unterschiedlichen Geschmack», glaubt dagegen Margit.

Margit bangt um ihren Job, weil die Chefin-Freundin sie nach dem Schreibtisch-Eklat völlig ignoriert. «Morgens, wenn ich ins Büro kam, saß schon eine andere Kollegin bei ihr zur Lagebesprechung im Zimmer.» Die angespannte Lage schleppt sich noch ein paar Monate hin. Schließlich kündigt Margit. Heute meint sie: «Silvia wusste, dass ich denke, ich bin die bessere Chefin.» Die beiden gehen auch als Freundinnen aufs Schärfste zerstritten auseinander. Vor allem Silvia will Margit nie mehr wiedersehen, sie fühlte sich verraten, nicht nur von der Kollegin, sondern auch von der Freundin. Heute noch erscheint sie nicht einmal auf Partys von gemeinsamen Freunden, wenn Margit auch eingeladen ist.

Die Freundin als Chefin, kann das gut gehen? Frauen tappen da leicht in eine doppelte Konkurrenzfalle. Die Freundin hat man sich ja ausgesucht, weil sie einem gleicht, einen ergänzt, weil man sich gegenseitig unterstützen will. Im Job kann es aber passieren, dass es darum geht, Hierarchien untereinander anzuerkennen: Die eine ist dann der Boss, die andere ist nicht mehr nur die Freundin, sondern muss lernen, sich unterzuordnen. Und die oben muss eventuell auch Konkurrenz von unten aushalten. Man müsste zudem ständig wechseln, zwischen Privatem und Arbeit. Silvia und Margit haben

diese emotionale Kurve nicht gekriegt. Wer aber die kon-
kurrierende Freundin als Ansporn sieht, dem könnte die
Rivalin zu einem guten Coach werden.

Einsame Spitze

Man kann jedenfalls davon ausgehen, dass einige Frauen deshalb wie Miranda Priestly geworden sind, weil sie auf ihrem Weg nach oben ganz besonders schlechte Erfahrungen mit anderen Frauen gemacht haben. Denn sei die Chefin auch noch so nett und kompetent, von unten nach oben herrscht ebenfalls alles andere als Solidarität. Mehrere Studien beweisen, dass Frauen in Führungspositionen immer wieder speziell von Mitarbeiterinnen boykottiert werden. Forscherinnen stellten fest, dass sich vor allem unglückliche Frauen feindselig gegenüber anderen Frauen verhalten; Frauen, die wenig zufrieden mit sich, dem Partner, der Liebe, ihrem ganzen Leben sind. Wegen mangelndem Selbstwertgefühl machen sie auch andere Frauen schlecht, da steigt der eigene Preis, glauben sie wohl. Frauen unter Frauen finden dann am leichtesten Anerkennung und Sympathie, wenn sie sich schwach geben. Denn dann werden Machtverhältnisse verschleiert, emotionale Bindungen sind in gemeinsamer Schwäche einfacher. Gemeinsam heulen und jammern, das vereint. Selbstbewusstsein, Erfolg und Status schaden dem Gleichgewicht, stören die freundschaftlichen Gefühle. Für weibliche Vorgesetzte ist das eine unmögliche Situation. Es ist ein Teufelskreis, dem der Teufel, der Prada trägt, entspringt. Dass einige Frauen, wenn sie es erst geschafft haben, eine Führungsposition einzunehmen, den Mitarbeiterinnen mindestens mit Misstrauen, wenn nicht mit gnadenloser Härte und Ungerechtigkeit begegnen, hat seine Ursache auch in den schlechten Erfahrungen mit weiblichen Untergebenen. Frauen in Führungspositionen haben erkannt, dass sie immer wieder von weiblichen Mitarbeiterinnen boykottiert wurden.

Doch noch ein weiterer Grund lässt eine Frau an der Spitze leicht vereinsamen: Netzwerke und Seilschaften, die ausschließlich an der Sache orientiert sind, ohne dass man sich persönlich lieb hat, mögen Frauen nicht. Zwar möchten sie ganz sachlich nur für ihre Leistung beurteilt werden und verschmähen Statussymbole genauso wie das sogenannte Vitamin B – denn Beziehungen zu haben haben sie ja überhaupt nicht nötig. Sich zusammenzutun, nur um ein gemeinsames Ziel zu verfolgen, auch wenn man die anderen nicht sympathisch findet, ist schon gar nicht ihr Ding. Erfolg haben sie so allerdings nicht.

Zwar gibt es in Deutschland schon einige schlagkräftige überbetriebliche Frauen-Netzwerke, wie zum Beispiel den Juristinnenbund, doch in den Unternehmen bleibt das Problem bestehen: Viele Chefinnen gehören weder zu einem Weiberclan noch zur Old-Boy-Group. Schon allein aufgrund ihres Geschlechts können sie sich nicht so leicht in die Männernetzwerke integrieren. Wer will zum Beispiel mit dem Vorstandsvorsitzenden so nette Sachen machen wie in die Sauna gehen, oder mit den anderen Oberärzten eine Nacht um die Häuser ziehen? Einiges geht einfach nicht als Frau, man muss sich deshalb sehr bemühen, um an die wichtigen internen, inoffiziellen Informationen zu kommen. In einer überwiegend männlich dominierten Welt gehört man nie richtig dazu. Wenn Chefinnen nicht einen mächtigen Mentor oder eine Mentorin haben, wenn sie nicht bereit sind, sich helfen zu lassen, sich mit anderen Frauen zu verbünden, besteht die Gefahr, buchstäblich einsame Spitze zu sein.

Die wunderbare Tilda Swinton spielt in dem Film «Michael Clayton» so eine Frau. Für die überzeugende Darstellung der Karen Crowder erhielt sie einen Oscar. Karen Crowder hat es ganz nach oben geschafft, sie ist Juristin eines großen Chemieunternehmens, das Agrarunternehmen versorgt. Man lernt sie kennen, als sie ein Interview gibt, ganz nach dem beliebten Motto: Ich bin eine tolle Karrierefrau. Sie ist typisch für viele Frauen an der Spitze. Sie wirkt ständig unsicher, als Zuschauerin hat man Angst um sie, obwohl sie nicht sympathisch ist. Sie bearbeitet einen wichtigen Fall, denn ihr Unternehmen wurde durch eine Sammelklage auf drei Milliarden US-Dollar Schmerzensgeld verklagt. Dabei geht es um die potenziell krebserregende Wirkung eines Herbizids. Es droht nicht nur Geld-, sondern auch Gesichtsverlust. Crowders Einsamkeit ist beklemmend. Sie ist eine mächtige Frau und hat keinen Menschen auf der Welt, mit dem sie über ihre schwierige Arbeit reden könnte. Sie ist überfordert und völlig isoliert. Ihr einziges Mittel dagegen ist, sich das nicht anmerken zu lassen. Während man die Männer der verschiedensten gegnerischen Seiten streiten und diskutieren sieht, steht sie regelmäßig vor dem Spiegel und spricht mit sich selbst, übt ihre öffentlichen Auftritte, faltet dazu peinlich genau sogar ihre Nylons, wählt penibel ihre Outfits für die Auftritte draußen. Nie fragt sie jemanden um Rat, nie vertraut sie sich jemandem an. Keine Freundin ist da, die ihr hilft. Den Big Boss der Firma, ein mürrischer alter Kerl, informiert sie nicht über den Schlamassel, in den sie die Firma bringt. Obwohl ihre Unsicherheit nicht zu übersehen ist, trifft sie stolz alle Entscheidungen allein. Nur einmal sieht man sie außerhalb der Firma mit einem Menschen reden, da engagiert sie einen Killer, um das Problem aus der Welt zu schaffen und damit letztlich ihren Untergang zu besiegeln.

Der Prada-Teufel wiederum hat zwar auch keine Freunde und sogar der Ehemann läuft diesem Drachen schließlich davon. Doch immerhin versteht es Priestly, geschickt die Strippen zu ziehen. Sie hält sich einfach als einsame Tyrannin an der Spitze und bestätigt das alte Vorurteil der grausamen, neurotischen, bösen Chefin.

Das Merkel-Vorbild

Es geht auch anders an der Spitze. Bundeskanzlerin Angela Merkel zum Beispiel wird für ihre kleinen, feinen Netzwerke immer wieder gelobt. Die unterhält sie auch zu Frauen: Sie pflegt etwa ihre lange und enge Bindung zur Bildungsministerin Annette Schavan, ein Frauen-Duo, das männlichen Gegnern Angst macht. Eine Mini-Seilschaft, die für weibliche Kompetenz steht. Angela Merkel beweist außerdem, dass Männer nachzuahmen nicht der Königinnenweg ist. Da, wo sie angelangt ist, gibt es ja nur noch männliche Rivalen. Und hier zeigt sich, wie sehr auf dem Parkett der Macht weibliche Eigenschaften nützlich sein können. Weltweit wird die Kanzlerin gelobt für ihr außergewöhnliches Talent, zu vermitteln. Sie weiß, die weiblichen Talente, die Soft Skills, einzusetzen und hat die als typisch weiblich geltenden Schwächen im Griff. Ihre Fähigkeit zuzuhören, ist international geschätzt. Ihre sanfte Eloquenz wird auf dem Schlachtfeld der Eitelkeiten bewundert. Sie verwechselt Freundlichkeit nie mit Freundschaft. Sie macht nie zu viel Wind, sie präsentiert sich nicht mit großem Trara, sie ist geduldig, auf Harmonie bedacht, solange es geht. Männern ist diese ruhige Bescheidenheit unheimlich, Merkel verschafft sie Vorteile. Schließlich beherrscht sie auch das wichtigste Instrument des männlichen Repertoires: Ob sie zuschlägt oder abwartet, ihr geht es immer nur um die Sache. Sie nimmt selbst gemeine Schläge unter die Gürtellinie nicht persönlich. Etwas, wofür den meisten Frauen die Kraft fehlt; sie sind leicht zu kränken, heftig nachtragend. Werden sie angegriffen, beißen sie um sich wie ein verletztes Tier. Dies nicht zu tun gilt als die wichtigste Stärke einer der mächtigsten Frauen der Erde. In den Scharmützeln ihrer alltäglichen Konkurrenzgefechte verliert dagegen die Kanzlerin nie den stoischen Blick auf die Sache. Man mag sich über ihre Frisur oder ihren Ausschnitt mokieren. Sie schenkt ein Lächeln, es signalisiert: «Da stehe ich drüber.»

5. Schöner Aussehen

Schlanke Vasen

Was für ein lustiger wissenschaftlicher Test: 68 Studentinnen bekommen zwei Zeichnungen vorgelegt, die eine zeigt eine schlanke Vase, die andere eine bauchige. Vorher haben die Probandinnen bereits einen Fragebogen zur Körperzufriedenheit ausgefüllt, nach der Begutachtung der Vasen müssen sie erneut Fragen zur Beurteilung des eigenen Aussehens beantworten. Da zeigt sich Bedeutsames: Die ohnehin mit ihrem Aussehen unzufriedenen Studentinnen sind nach der Betrachtung der schlanken Vase noch deprimierter. Frauen, die ihren Körper mögen, bleiben gegen den Anblick des dünnen Gefäßes immun. Grund für die Untersuchung der Psychologin Debra Trampe von der Universität Groningen war der weibliche Hang zum Vergleichen. Konkurrenz, die Frauen empfinden, wenn sie andere, schlankere Frauen erblicken, vor allem spindeldürre Models. Deren Allgegenwärtigkeit soll ja bekanntlich krank machen, Frauen hungerten sich beinahe zu Tode, um so auszusehen wie Kate Moss und deren Kolleginnen, heißt es. Essstörungen zu fördern ist seit Jahrzehnten ein Vorwurf, dem alle Frauenzeitschriften ausgesetzt sind, die ja ständig Models mit geringem Body-Mass-Index auf die Cover nehmen und in Modestrecken featuren. Die quotenstarke Casting-Show «Germany's next Topmodel» musste sich in der ersten Staffel heftig gegen den Verdacht wehren, der Magersucht Vorbilder zu liefern. Damals schaltete man sogar ganzseitige offene Anzeigen in Tageszeitungen. Darin beteuerten die Kandidatinnen, keine von ihnen würde hungern, «im Gegenteil: Die Buffets sind superlecker». Zuvor war ein «Rippenmädchen», wie es Boulevard-Zeitungen tauften, beim Stöckeln über den Topmodel-Laufsteg gescheitert. Ein gefundenes Fressen für mitleidige Schlagzeilen-Redakteure, die die Suchtkranke jenseits des Topmodel-Laufstegs weiter vorführten. Anzeigenkunden stornierten Werbeverträge für die Fernseh-Show. Seitdem ist Model-Mutti Heidi Klum streng darauf bedacht, zu dünne Mädchen schon in den Vor-Castings auszuschließen, bloß keine Essstörung, bloß keine Magersucht im Mädelscamp. So sah man etwa zu Beginn der dritten Staffel, wie Sauberfrau Klum eine Kandidatin, die offensichtlich das Zeug zum Rippenmädchen hatte, mit besten Ratschlägen und dem Hinweis, mehr zu essen, nach Hause schickte. Bloß nicht wieder in den Verdacht geraten, ungesunder Konkurrenz Vorschub zu leisten. Bloß nicht den Wettbewerb «Wer ist die Dünnste?» fördern.

Aber ist es tatsächlich so, dass wir Frauen alle in Konkurrenz zu Kate Moss oder Claudia Schiffer stehen? Die kreative niederländische Forscherin Trampe versuchte nicht nur mit dem Vasen-Experiment, sondern auch mit einer anderen Forschungsreihe zu beweisen, dass die superschlanken Vorzeigemädchen nicht der Auslöser für Essstörungen sind. Ihre These: Es hängt vom Selbstwertgefühl einer Frau ab, ob sie sich überhaupt auf den Schönheitswettbewerb mit Covergirls einlasse. Ihre Befragungen ergaben, dass Frauen, die sich zu dick finden, nicht nur ständig stimmungstrübende Vergleiche mit Models, Stars, Freundinnen, Frauen im Allgemeinen anstellten; ihr Selbstbewusstsein sank sogar, wenn sie eine schlanke Vase betrachteten, die sie offenbar an ihren ungeliebten Körper erinnerte.

Man darf das Problem natürlich nicht verharmlosen, denn laut einer Studie des Robert-Koch-Instituts leiden 30 Prozent der Mädchen und 15 Prozent der Jungen zwischen 11 und 17 Jahren an einer Essstörung. Die Universität Jena befragte Kinder zwischen 8 und 11 Jahren und erfuhr, dass sich 32 Prozent der Normalgewichtigen zu dick fühlen, 18 Prozent der Mädchen und 19 Prozent der Jungen versuchten gerade abzunehmen. Bei Erwachsenen sind genaue Zahlen schwierig zu erfassen, Wissenschaftler gehen von einer hohen Dunkelziffer aus; denn selbst jenseits der vierzig nehmen Essstörungen zu. Als Ursache sehen seriöse Forscher eher den großen Perfektionsdruck, dem Frauen ausgesetzt sind. Beim Spagat zwischen Karriere, Kindern, Partnerschaft bleibt oft der eigene Körper das Gebiet, das sich am leichtesten beackern, kontrollieren, ändern und quälen lässt.

Ganz ohne Makel fühlt sich keine Frau, aber denen, die mit ihrem Körper überwiegend zufrieden sind, gehen Covermädchen wie Vasen und andere Gegenstände buchstäblich am Arsch vorbei. Für sie laufen Mannequins außer Konkurrenz, darauf reagieren sie nicht. Es muss also schon vorher etwas nicht in Ordnung sein, wenn eine Frau sich dem Traum hingibt, so dünn wie ein Titelbild-Mädchen sein zu wollen, und dafür im Ernstfall auch verhungert. Oder umgekehrt: Je glücklicher eine Frau ist, umso attraktiver findet sie sich, das beweisen immer wieder Studien.

Es ist hier also wie in allen Bereichen der weiblichen Rivalität: je geringer der Selbstwert einer Frau, desto ungesunder, verschwiegener, schädlicher und (selbst-) zerstörerischer ihr Konkurrenzverhalten. Doch egal wie groß das Selbstbewusstsein ist, in Sachen Schönheit oder Attraktivität sind alle Frauen immer Rivalinnen.

Denn auch Frauen mit einem ganz normalen Selbstbewusstsein und relativer Zufriedenheit zeigten in Tram-
pes Studie Konkurrenzverhalten und verglichen sich.
Sie reagierten, wenn ihnen Fotos von schönen, schlanken Frauen gezeigt wurden, die auch nebenan wohnen
könnten; Fotos ohne Anzeigentexte. Dann sank auch
das Selbstbewusstsein derjenigen Teilnehmerinnen, die
generell mit ihrem Körper zufrieden sind. Diese andere
könnte immerhin eine Konkurrentin im wirklichen Leben sein und hatte schlankere Beine, einen knackigen Po,
einen flachen Bauch, eine Löwenmähne oder Bambiau-
gen – oder was man sich als Frau so alles wünscht für das
eigene Aussehen.

Winkfleisch und andere Makel

Ich machte mich fertig, noch schnell durch den Selbst-TÜV: Der Push-up sitzt, die Haare fliegen in sanften, reichlich mit Conditioner bearbeiteten Locken, das Sommerkleid ist frisch aus der Reinigung, auf Beinen und Achseln zeigt sich kein einziges winziges Haar. Die Fingernägel? Kurz, aber ordentlich. Die Fußnägel? Erst heute lackiert. Make-up dezent. Doch, oh Schreck, was entdecke ich beim Blick in den Spiegel, zum Glück keinen Pickel oder Herpes, aber: Ich habe mal wieder vergessen, die Augenbrauen zu zupfen. Mist, kann ich so überhaupt gehen? Ein Dilemma, denn wenn ich mich jetzt noch mit der Pinzette darüber hermache, wird man die Schwellung sehen, also verlasse ich mit deutlichem Makel das Haus. Nein, nicht zu einem Date mit einem Mann, dafür brauche ich deutlich weniger Vorbereitung. Augenbrauen sind zum Beispiel völlig egal. Ich treffe mich mit zwei guten alten Freundinnen. Nichts tut im Leben besser, als wenn einen die Freundin lobt, man sähe gut aus, womöglich fünf oder zehn Jahre jünger. Nichts ist schlimmer, als wenn sie fragt: «Hast du gerade viel Stress?» Himmel, man sieht es mir an, ich fühle mich gleich zwanzig Jahre älter.

Männer machen jeder Frau Komplimente, das bedeutet nicht viel, sie wollen charmant sein, ankommen. Sie wollen sich selbst damit toll darstellen. Es ist nur Geflirte, dafür kann man auch 180 Pfund wiegen oder 150 Jahre alt sein. Zudem gucken Männer oberflächlicher: gezupfte Augenbrauen? Egal. Es gibt natürlich ein paar Rasur-, Schuh- und Make-up-Fetischisten in der männlichen Spezies, aber im Allgemeinen kann man davon ausgehen, dass sie nie so hinsehen wie Frauen. Nein, für

Männer betreibe ich selten so einen Aufwand wie für Freundinnen-Treffen. Denn ein Kompliment von einem Mann ist erfreulich, so wie der Freiflug mit Bonusmeilen bei der Lufthansa. Man sammelt ein paar Punkte und dann ist alles klar. Aber ein ehrliches Kompliment von einer Frau (wir wissen, wann es ehrlich ist) ist wie ein kleiner Lottogewinn. Wir Frauen sind nämlich gnadenlos, wir mustern und vergleichen uns, legen uns gegenseitig unters Mikroskop. Als Frau weiß man: Die andere bemerkt irgendwie alles, angeknabberte Fingernägel, ungleichmäßigen Gesichtspuder, kleinste Schwitzflecken, zehn oder zwanzig Besenreißer, Cellulite sowieso.

Winkfleisch! Weiß ein Mann auf der Welt, was das ist? So bezeichnen Frauen schwabbelige Oberarme. Nett, nicht wahr? Solche Vokabeln machen uns das Leben leichter, mit nur einem Wort ist alles so richtig gemein gesagt. Das geht tief rein. Eine Freundin von mir trägt keine Trägertops mehr, seit sie dieses Wort zum ersten Mal gehört und anschließend ihre Oberarme im Spiegel beurteilt hat.

Paula sagt nein. Nein, sie geht nicht mit uns Freundinnen in die Sauna. Paula ist eine sehr hübsche, temperamentvolle große Dunkelhaarige, Kleidergröße 40. Wir gehen immer zusammen ins Kino oder auch mal in eine angesagte Bar, nun hatten wir zu viert einen Wellnesstag im schicksten Spa-Hotel unserer Stadt geplant. Mal so richtig ausspannen. Aber Paula findet das gar nicht relaxend, die Idee gefällt ihr nicht. Schließlich rückt sie mit der Wahrheit raus: Sie mag nicht, dass wir Freundinnen sie nackt sehen, gibt sie zu. Wieso?, fragen wir anderen. Du gehst doch regelmäßig in die Sauna, da sehen dich sogar fremde Männer. Paula ist das egal. Aber wir sollen sie nicht sehen. Sie sagt ab.

Es wird gescannt unter uns, von der Zahl der grauen Haare bis zum krummen kleinen Zeh: «Dummerweise rannte ich direkt in die Arme der Fußnagel-Sprechstundenhilfe, die auch im Januar barfuß in Adiletten herumschlurft! Jeder, der will, kann einen Blick auf ihre Fußnägel erhaschen. Sie sehen aus, als würde sie mit den Füßen filterlose Marlboro rauchen! Außerdem ist ihre ballonseidene Hose so kurz, dass man ohne weiteres die trockene Haut an ihren Schienbeinen erkennen kann.» Das lese ich, am Küchentisch sitzend, bei meiner allerliebsten Lieblingskolumnistin Esther Kogelboom im Berliner Tagesspiegel. Hilfe! Sofort ziehe ich die Schuhe aus. Es ist gerade Winter und ich muss sofort kontrollieren, wie es um meine Fußnägel steht, und die Haut an den Schienbeinen habe ich auch schon länger vernachlässigt.

Wie immer urteilen Frauen über die anderen so hart, wie es sich kein Mann mit Manieren trauen würde. Eine Autorin der Süddeutschen Zeitung war bei der Filmpremiere von «Sex and the City» in Berlin und freut sich, «dass die vier Hauptdarstellerinnen (zur Beruhigung aller weiblichen Fans) auch nur im Film perfekt aussehen». Sarah Jessica Parker sei so winzig, dass sie ohne ihre Stilettos wohl kaum über die Absperrung hinweg Autogramme geben könnte; Kim Cattrall habe einen «sympathischen, üppigen Hintern, der an eine pralle Pampelmuse erinnert»; und Kristin Davis erinnere im grünen Kleid an einen Tannenbaum und habe rote Hektikflecken. Klein, dicker Hintern und fleckige Haut, so sehen Stars in Wirklichkeit aus. Da geht es uns normalen Frauen doch gleich besser. Wie bei diesen Paparazzi-Fotos von den Luxus-Stränden dieser Welt. Diese Cellulite,

Bauchspeck und Falten offenbarenden Dokumentationen der reichen und schönen Körper sieht man sich doch immer wieder gerne an.

Wir kommen vom Kletternn: zwei Freundinnen in den Bergen, leider an diesem Tag sportlich nicht so erfolgreich gewesen, wie wir es gehofft hatten. Wir fahren mit leicht geknicktem Selbstwertgefühl auf den Parkplatz unserer kleinen Pension, in der vor allem Sportler absteigen. Ein Mountainbiker-Pärchen, gekleidet in typisch buntem Wurstpellen-Look, lädt gerade sein Equipment aus. «Boah», sage ich, «hat die einen Hängearsch.» «Das will ich auch sehen», Anja legt rasant den Rückwärtsgang ein und fährt noch einmal so vorbei, dass sie die ins Funktionsoutfit gestopfte Rückseite der Bikerdame begutachten kann: «Ja Wahnsinn.» Der Tag ist fast gerettet. Doch es soll noch besser kommen. Später sitzen wir in einer Pizzeria, die Bedienung, ein junges Mädchen Mitte zwanzig, sehr mürrisch; jünger als wir, auch als Anja. Die Bedienung trägt ein bauchfreies T-Shirt und eine sehr hüftige Hüfthose, dazwischen quillt eine dellige Speckrolle. Kaum dass sie die Bestellung aufgenommen hat und sich von unserem Tisch entfernt hat, prusten wir los. «Bei dem Gequetschtem in der Hose hätte ich auch schlechte Laune.» Der Tag ist endgültig gerettet.

Hätte die niederländische Forscherin Debra Trampe uns getestet, hätte sie wahrscheinlich herausgefunden, dass wir zu der Sorte Frauen gehören, die beim Anblick bauchiger Vasen besonders gute Laune bekommen. Mindestens unsere Stimmung, wahrscheinlich auch unser Selbstwert steigt. Manchmal kann der Anblick ausufernder weiblicher Üppigkeit im zu engen Sexy-Dress oder unrasierter Beine in Dreiviertelhosen einem den Tag retten. Frauen sind schlechte Menschen, wir sind böse. Ich sitze einer lieben Freundin gegenüber, wir unterhalten uns über den unemanzipierten Wissenschaftsbetrieb, und ich zähle so nebenher die Falten um ihre Augen, rechne, ob sie meine 183 übertreffen. Ständig vergleichen wir unser Äußeres, wer ist schlanker, wer hat den strafferen Po, die längeren Beine, den schöneren Busen, die volleren Haare? Wir stehen da in einer Art Dauerkonkurrenz im Alltag, die nie aufhört; selbst wenn wir nicht aus dem Haus gingen, flatterte sie in Form von bunten Werbeblättchen in unsere Wohnung.

Das ist natürlich nicht immer nur lustig. Denn man geht ja mit dem ständigen Beobachtungsgefühl durch die Welt, weiß, dass man permanent gemustert wird. Zudem gibt es massenhaft verwirrende Regeln. Frauenzeitschriften machen einem da gerne das Leben schwerer, als es eigentlich sein müsste. Besonders hasse ich Rubriken, in denen erklärt wird, was an Outfit und Make-up in welchem Alter noch geht. Ab dreißig bloß kein bauchfrei mehr, steht dann da zum Beispiel. Ab vierzig: Sie dürfen Ihre langen Haare behalten (danke, sehr gnädig!), aber nicht zu lang (schade, zu früh gefreut); Minirock ist natürlich tabu. Wenn auch von schlanker Gestalt, sähen Frauen über vierzig zwar von hinten im Mini sexy aus, aber von vorne wie ein «trauriges altes Mädchen». Keine Frage, was noch mit fünfzig geht: Leggings, wenn man Größe 36 hat? Auf gar keinen Fall, meint eine dieser freundlichen Ratgebertanten päpstlicher als der Papst. Das ist richtig spaßfeindlich. Wofür braucht man Machos, wenn man andere Frauen hat? Kein Wunder, dass Charlotte Roche mit ihrem Ekel-Buch «Feuchtgebiete» einen der größten Bestsellererfolge der Gegenwart landete. Im Roman findet die Heldin sogar das Waschen relativ überflüssig, und die Autorin revoltiert mit ihrem Buch gegen sämtliche Perfektionszwänge, von «Wax in the City» bis Intimspray. Eine stille Schmökerrevolte gegen den unerträglichen Ernst der Äußerlichkeiten.

Alles für die Männer?

Warum nur dieses ständige Vergleichen, dieser scharfe Blick aufs Außen? Wofür ist er gut? «Nun bin ich dünner als die Frau, für die mein Mann mich verlassen hat», wird stolz in einer Werbung für eine amerikanische Diät-Pille verkündet. Das impliziert, Frauen quälten sich für ihr schlankes, attraktiveres Äußeres, um in der Konkurrenz um den besseren Mann zu siegen. Eine bekannte These – Alice Schwarzer wollte einmal den Grad der Emanzipation einer Frau an der Höhe der Schuhe festmachen. Je abhängiger vom Mann, desto nötiger habe es eine Frau, sich zum Objekt der Begierde zu stylen, und umgekehrt, meint sie. Wer hohe Absätze trägt, kann zudem nicht mehr weglaufen vor dem bösen Mann, begibt sich freiwillig in die Fänge des männlichen Patriarchats. Stöckelt als Accessoire nebenher. High Heels, Diäten, gequetschte Hüften, tiefe Dekolletés, kurze Röcke, alles für die Kerle? Aber warum wird der Kult ums Aussehen immer schlimmer, obwohl wir immer unabhängiger zumindest von männlichen Ernährern sind und sich viele von uns die Prada-Schuhe längst selbst kaufen können? Die amerikanische Frauenrechtlerin Naomi Wolf glaubt, dass hinter dem Schönheitswahn eine Art globale Verschwörung gegen den Feminismus steckt. In ihrer Streitschrift «Mythos Schönheit» vermutet sie einen reaktionären Rückschlag, ein Machtspiel, das die Konkurrenz unter Frauen anstachle, um sie zu spalten, und sie schließlich von äußerer Anerkennung abhängig zu halten. Doch wer sind die Drahtzieher in diesem Komplott?

Vielleicht die Mütter? Das meint jedenfalls Charlotte Roche, die gerne der jüngsten Feministinnenwelle zugeordnet wird, und gerade vor allem gegen den vermeintlich frauenfeindlichen Zwang zur körperlichen Sauberkeit, Haarlosigkeit und anderem Verhübschungen wie Anal-Bleaching zu Felde zieht: «Männer sagen nie zu Frauen: Du hast einen dicken Po. Meistens wiederholen sie gebetsmühlenartig: Du siehst gut aus. Aber bei Frauen muss alles perfekt sein, sie eifern etwas nach, das sie unglücklich macht. Schuld sind die Mütter, die zu ihren Söhnen netter sind als zu den Töchtern. Kleine Mädchen verstehen: Du musst gut aussehen, um einen guten Mann zu kriegen. Es fühlt sich existenziell wichtig an, schön zu sein», erklärt Roche in einem Interview mit dem Tagesspiegel, zudem seien Mütter von einer Art Sauberkeitszwang besessen, der den Tanz ums schöne Aussehen bei den Töchtern noch weiter dreht.

Im Zweifelsfall ist immer Mutti schuld, wenn schon nicht die bösen Kerle. Ich bin auch Mutter einer Tochter. Und ich habe sie dazu angehalten, sich gelegentlich zu waschen. Und da mir angesichts der Halbstarkenhorden, die regelmäßig in unsere Wohnung einfallen, bewusst wurde, dass der geruchssichere Umgang mit Deospray und schweißdichten, aber endcoolen Turnschuhen erst im Laufe der Jahre erlernt wird, habe ich sogar den Begriff «stinkende Teenager» geprägt. Ich verwende ihn so häufig, dass ich es als Strafe verdient hätte, wenn meine Tochter auch so ein ekeliges Buch wie «Feuchtgebiete» schreiben würde.

Vielleicht ist es aber auch in diesem Bereich wie überall im Leben. Nicht Mutti ist schuld, sondern Konkurrenz ist unter Menschen einfach etwas Normales, auch wenn es um schönes Aussehen geht. Und um die weibliche Solidarität zu spalten, brauchen wir eigentlich die Schönheitskonkurrenz nicht, wie Wolf meint, denn

Konkurrenz zwischen uns herrscht überall. Nur lässt sich beim guten Aussehen am besten damit verdienen.

Kapital Körper

Es geht nicht gerecht, sondern oberflächlich zu auf der Welt: Etliche Untersuchungen haben nachgewiesen, dass es attraktivere Menschen in vielen Lebensbereichen leichter haben. Sie werden bei der Karriere bevorzugt und am Postschalter. Sie werden im Einwohnermeldeamt netter behandelt und im Fitnessstudio. Weil das so ist, will jeder attraktiv sein, attraktiver als die anderen. Attraktive Menschen sind nicht immer glücklicher als andere, aber sie haben mehr Chancen, es zu werden. Der französische Soziologe Pierre Bourdieu spricht vom «körperlichen Kapital», zu dem zwar auch handwerkliche oder sportliche Fähigkeiten, Gesundheit, Ausdauer, Stil gehören, aber auch gutes Aussehen und Schönheit. Wenn man das so sieht, ist es kein Wunder, dass es auch um dieses Kapital Wettbewerb gibt. Gutes Aussehen ist ein Machtfaktor. Ein trainierter schlanker Körper steht längst für viel mehr als einfach nur Äußerliches, er symbolisiert Disziplin, Ausdauer, Leistungsbereitschaft, Gesundheit, Jugendlichkeit, Fleiß und Belastbarkeit. Schönheit macht erfolgreich, das meinten jedenfalls 89 Prozent der befragten Frauen in einer Brigitte-Studie.[1]

Leider ist es bei der Verteilung der Schönheitsressourcen auch nicht gerecht zugegangen. Doch Hilfe ist in Sicht! Eine riesige Schönheitsindustrie vermittelt gekonnt den Eindruck, man habe es in der Hand, dieses körperliche Kapital zu vermehren – oder zumindest zu erhalten. Leider ist das manchmal genau so, als würde einem der Bankberater schlechte Fonds verkaufen und

---

1   *«Was bedeutet Ihnen Schönheit?» 2002*

das Ersparte schwindet oder versauert schlecht angelegt. Schlimmer noch als auf den stark schwankenden Finanzmärkten mit ihren unübersichtlichen Produktpaletten steht der Gewinn beim Aussehen oft in keinem Verhältnis zu den Investitionen. Wahrscheinlich ist es mit dem Schönheitsprofit wie mit dem Wetter, es ist oft nur eine gefühlte Verbesserung oder Verschlechterung. In meinem Badezimmer drängen sich trotzdem Tiegel, Tuben und Fläschchen im Regal; meine Augencreme kostet mittlerweile 100 Euro, so viel wie eine Übernachtung in einem sehr guten Mittelklassehotel. Seit meine Tochter in das Alter gekommen ist, in dem man sich des eigenen Kapitals bewusst wird, reicht der Platz im Regal kaum noch aus. Kampf den Falten und den Pickeln!

Übrigens weiß man ja mittlerweile, dass auch Männer nicht vom Schönheitswahn verschont bleiben. Sie kaufen zunehmend Beautyprodukte, machen Diäten und leiden deshalb immer häufiger unter Essstörungen. Auch bei Schönheitsoperationen sind sie längst dabei. Ein Bekannter gestand mir kürzlich, dass er sich seine Körperbehaarung mit einer schmerzhaften Lasertortur dauerhaft hat entfernen lassen. Ja, Rasurgegnerin Roche würde es freuen: überall, am ganzen Körper – autsch! Aber dafür samtig-seidene Achselhöhlen und ein Körper so aalglatt wie der einer Schaufensterpuppe; einer männlichen in diesem Fall.

In München stauen sich jedes Wochenende entlang der Isar die Mountainbiker: Männer in den besten Jahren, die ihre auf jugendlich getrimmten Körper in enge windschnittige Dresses gepresst haben, strampeln sich auf eigens und kostenlos für diese Zielgruppe angelegten Singletrails und anderen abenteuerlichen Wegen ab. Bergauf, bergab. Vorwärtsschwitzend, Räder ratternd über Schotter, Steine, Baumstämme, bei Sonne und bei Regen, mit bierernsten Gesichtern; im Kampf gegen den Bauch, für einen ansehnlichen Sixpack. Die Qual wird dadurch versüßt, dass die «Cannondales» oder «Steppenwolfs», die sie dabei fahren, so viel kosten wie mein Auto, das nicht mit Körperkraft angetrieben werden muss. Ja, ich weiß, das macht alles wahnsinnigen Spaß. Meine Augencreme ja auch. Und wir alle tun das ja ausschließlich für uns, nicht für die anderen und schon gar nicht, weil wir irgendeine Konkurrenz ausstechen wollten.

Nur manchmal denke ich, während ich an meinem leckeren Ökokisten-Salatblatt knabbere: Das ist ganz schön anstrengend mit diesem Aussehens-Kapital, und was man da so alles für sich selbst tut. Zum Beispiel, um dreißig Jahre lang vierzig zu bleiben. Denn das kann ja jeder, heißt es. Und wenn das jeder kann, dann kann ich das noch besser. Doch was ich auch investiere, es ist ein Wettkampf, den ich verlieren werde. Den wir alle irgendwann verlieren werden. Bei allen chirurgischen Möglichkeiten. Mit oder ohne Silikon, Fitnesstraining, Cremes, Schmieren und Diäten; Nichtrauchen, Nichttrinken, früh schlafen, nicht fernsehen, Ingwer-Wasser schlabbern und so weiter. Trotz all dem spaßfeindlichen Dasein, irgendwann werde ich richtig alt aussehen. Ein Gros der Konkurrenz sieht jetzt schon besser aus. Und täglich entwachsen neue zukünftige Rivalinnen den Windeln.

Der Schönheitswettbewerb

Um Schönheit konkurriert man nicht, das wäre doch, wie bereits gesagt, armselig oberflächlich. Wir alle, Frauen nach wie vor etwas mehr als Männer, investieren zwar viel Zeit und Geld in unser Aussehen, aber das tun wir nur für uns selbst, für die Gesundheit, Fitness, Wellness und das Wohlfühlen. «Wieso machst du denn eine Diät?», frage ich eine schlanke Freundin, die gerade ihre Kost trennt und die mittlerweile schon einen Schüttelanfall bekommt, wenn sie nur ein Foto mit einer Ananas sieht. «Das hast du doch gar nicht nötig.» – «Ja, aber ich fühle mich einfach mit diesen drei Kilo mehr nicht wohl», heißt die rechtfertigende Antwort, die ich bestimmt schon tausend Mal im Leben gehört habe. Es gibt ja auch das Wohlfühlgewicht, das orientiert sich bestimmt niemals an anderen Leuten, oder? So tun, als wäre nichts, heißt die Losung bei allen Schönheitsqualen.

Die Zeitschrift «Stern» befragte Menschen, auf was sie neidisch sind. Dabei wurde festgestellt, dass überhaupt nur ein verschwindend geringer Prozentsatz überhaupt gesteht, jemals neidisch zu sein. Immerhin gaben 59 Prozent zu, jemanden für etwas zu bewundern, was Wissenschaftler «maskierten Neid» nennen. Dementsprechend trickreich musste weitergeforscht werden, also wurden den Befragten typische Situationen vorgegeben, in denen Neidgefühle eventuell vertretbar wären. Nur 10 Prozent fanden es gerechtfertigt, jemanden zu bewundern, nur weil dieser Bekannte oder die Freundin schöner und attraktiver ist als man selbst. Viel eher darf man auf Verdienst oder Erbe neidisch sein; wenn überhaupt. Also, ums Aussehen zu konkurrieren ist nun wirklich pfui, oberflächlichund dumm, finden die Leute.

Umso mehr muss es überraschen, dass, der hohen Einschaltquote nach zu urteilen, jede Menge auch halbwegs intelligente Menschen mit großer Begeisterung «Germany's next Topmodel» schauen. Ein schlichter Schönheitswettbewerb. Oder doch nicht? Aber nein: «Das Aussehen allein reicht nicht, um Topmodel zu sein», verkündet gebetsmühlenartig Chef-Inspektorin Heidi Klum streng ihren Mädchen und den Zuschauern, es zählten vielmehr «Ehrgeiz und Biss». Selbstverständlich ebenso andere innere Werte, was auch immer das sein soll. Auf keinen Fall geht es hier um banale Schönheit, wird ständig suggeriert. Mobbing im Modelcamp wird genauso geahndet wie Schlampigkeit bei der Frisur oder im Mädchenzimmer. «Huch, wie sieht es hier denn aus...», stürmt einer der Mädchen-Coaches in die WG und mokiert sich über volle Aschenbecher und anderes Gerümpel. Die Jury verlangt ständig «Entwicklung» von den Kandidatinnen, sie sollen lernen. Vor allem: «Alles geben!» Was auch immer diese überall in die Welt gebrüllte Losung bedeutet. Offene Konkurrenz ist dabei aber verboten, man muss Ehrgeiz und Biss zeigen, ohne diese Waffen gegen eine andere zu richten. Saubere Rivalinnen unter ständiger Bewachung von Drill-Sergeant Heidi.

Trotzdem gibt es die von jedem Schulhof bekannten und gefürchteten Mädchenkämpfe hier wunderschön vor laufender Kamera. «Du lebst hier in einer Wohngemeinschaft», droht im Raum der Entscheidungen einer der Schönheits-Scharfrichter – Rolf, Kölner mit ausgeprägtem französischen Akzent – einer dunkelhaarigen Heulsuse, die sich im Model-Camp die undankbare Rolle der Außenseiterin erworben hat. Sie muss sich anpassen, fordert die Jury drohend. Das Bild springt zum Rest der

Schönheiten im WG-Wohnzimmer: «Tut mir nicht leid, wenn sie rausfliegt», verkündet dort gerade ein Blondchen sehr gehässig; sie wird von den anderen acht Kandidatinnen umkuschelt. Jede Zuschauerin weiß, das ist die Wort- und Rädelsführerin. Heulsuse hat im Camp keine Chance gegen diese anerkannte Diva, wäre da nicht Super-Nanny Heidi Klum, die für Gerechtigkeit und Wahrhaftigkeit schon sorgen wird.

«Warum», fragt in der nächsten Folge mit scharfen Unterton Heidi die arme Außenseiterin, «hast du auf dieses Casting zugunsten der anderen verzichtet?» Das schöne arme Mädchen in der Opferrolle stottert jetzt richtig verzweifelt: «Ich wollte den anderen den Vortritt lassen, weil man sich auch in die Gruppe integrieren muss.» Tja, zugunsten anderer zu verzichten ist nun auch wieder falsch, erklärt Spielleiterin Heidi in Großaufnahme, denn: «Jeder Tag zählt, man muss kämpfen.» Ist das anstrengend! Aber wie im richtigen Leben: Als Frau muss man immer nett und mit möglichst vielen befreundet sein, dann gehört man dazu. Man muss hart kämpfen, aber ohne auszuteilen. Und dabei soll man auch noch richtig gut aussehen, darf nicht heulen, weil sonst die Wimpertusche verläuft. Das klingt bei einem Wettkampf schon prinzipiell verlogen. Es ist dann aber offenbar des Zuschauers größte Lust zu verfolgen, wie so ein Krimi weitergeht.

Das macht die Quote: Knapp vier Millionen Zuschauer verfolgen wöchentlich das Freundinnen-Getue der Rivalinnen, und als halbwegs Intelligente bin ich auch dabei. Eine Freundin ist schuld, sie ist ein Fan, kommt also donnerstags zum Essen und dann wird geguckt. Wir wollen sehen, wie es ihnen ergeht, den makellos hübschen Exemplaren, die äußerlich kaum zu unterscheiden sind, und von Domina Heidi so schön in die Mangel genommen werden. Wenn sie auch unbedingt Model werden wollen, sind sie doch selbst schuld. Sie umarmen sich viel, kuscheln, unterstützen sich gegenseitig. Sie intrigieren, petzen und schleimen. Sie heulen fast immer Rotz und Wasser in die aufgestellten Kameras, wenn eine Konkurrentin rausfliegt. Obwohl sie doch eigentlich jubeln und sich gegenseitig zum Teufel wünschen müssten. Denn wie heißt es hier so gnadenlos und klar: «Nur eine kann Germany's next Topmodel sein.»

6. Sport

Die «Tonya Harding Option»

Die gnadenlose Konkurrenz, eine, in der man den Gegner völlig zerstört und sich selbst gleich mit, nennt man in den USA die «Tonya Harding Option». Hillary Clinton, so hieß es im amerikanischen Wahlkampf etwa, verfolge diese «Tonya Harding Option». Die amerikanische Präsidentschaftskandidatin lege es darauf an, ihren führenden Gegner Barack Obama völlig zu zerstören. Eine Strategie, die den beiden Kandidaten und ihrer demokratischen Partei schließlich nur schaden werde und dem wirklichen Gegner, den Republikanern, nutzen.

Tonya Harding – natürlich erinnere ich mich an die ehemalige Eiskunstläuferin. Ein kleines spindeldürres, ehrgeiziges, 1,55 Meter großes Püppchen, das sich schmallippig aus der Gosse hochgekämpft hatte, ganz an die Spitze. Um schließlich im Zentrum eines der übelsten Sportskandale der Geschichte zu stehen. Hardings Ehemann hatte 1994 während der US-Meisterschaften, die gleichzeitig die Qualifikation für die Olympischen Spiele bedeuteten, einen Anschlag auf ihre ärgste Konkurrentin in Auftrag gegeben. Ein bezahlter Attentäter zerschlug mit einer Eisenstange Rivalin Nancy Kerrigan das Knie, sie musste aufgeben. Harding gewann, aber der Titel wurde ihr später aberkannt, sie wurde gesperrt. Hillary Clinton als Tonya Harding, ich frage mich, ob auch schon mal ein männlicher Politiker die zweifelhafte Ehre hatte, mit der tragischen Eiskunstläuferin verglichen zu werden.

Aber was macht sie eigentlich, diese Frau, deren Namen für die zerstörerische Konkurrenz schlechthin steht? Ich habe sie gesucht und bin im Internet fündig geworden; es gibt fast eine halbe Millionen Einträge über sie. Tonya Harding, das Biest. Harding hat immer beteuert, dass sie am Angriff auf Nancy Kerrigan nicht beteiligt gewesen wäre, allein ihr Mann habe das eingefädelt. Ohne ihr Wissen sei das Attentat ausgeführt worden. Diese Sicht der Dinge wurde allerdings vom FBI widerlegt. Doch sie beteuert heute noch ihre Unschuld, etwa in einem dieser Netzfilmchen: Reporter überredeten Tonya Harding zum Interview. Eine arme, traurige Frau, übergewichtig und mit ungepflegter Fransen-Mähne – nichts erinnert mehr an die zierliche Grazie auf dem Eis. Im Interview sagt sie aber über Kerrigan: «Sie war meine Freundin. Ich sah sie nie als Rivalin.» Eine erstaunliche Behauptung, denn zumindest im Sport waren beide auch vor dem Attentat schärfste Konkurrentinnen. Freundinnen? Selbst wenn das amerikanische Wort «friends» inflationärer verwendet wird als das deutsche «Freunde»: Freundinnen waren die beiden wohl kaum. Aber: Harding möchte gesellschaftliche Anerkennung zurück, sie möchte keine Rivalin mehr sein, sie war es niemals, behauptet sie.

Eiskunstlauf ist äußerlich eine sehr weibliche Disziplin, die Akteurinnen erscheinen wie Prinzessinnen in knappen Glitzerkleidchen, von fast makelloser Anmut. Trotzdem ist es ein Sport, keine Topmodel-Ausscheidung. Die Eismädchen fighten auf einem Terrain, auf dem Konkurrenz grundsätzlich gesellschaftlich anerkannt ist, im Sport muss man Gegnerin sein dürfen. Hier zählen emotionale Distanz beim Gewinnen und Verlieren, ebenso wie faire Strategien. Sogenannte männliche Werte also, und Männer üben sich darin von klein auf im Spiel, zum

Beispiel beim Fußball. Männer sind deshalb in der Lage, mit dem Kumpel von der Gegnermannschaft nach einer Niederlage noch locker ein Bier trinken zu gehen. Im Mannschaftssport, aber auch im Kampfsport sollte man ja ein fairer Wettbewerber sein.

Für Frauen ist es auch hier nicht so einfach. Schon wenn sie zu ehrgeizig erscheinen, gelten sie als unweiblich, als schlechte Mädchen. Verkniffen, verbissen, übellaunig, schimpft die Presse. Frauen sollen auch im Sport nett konkurrieren, bei aller Anstrengung immer schön freundlich lächeln. Obwohl hier Kampf, Gewinnen und Verlieren Voraussetzung für das Spiel sind, möchten die Sportlerinnen doch bitte irgendwie harmonisch erscheinen. Rivalität einzugestehen fällt Frauen deshalb sogar im Sport schwer; auch im Rückblick, nach vielen Jahren, schafft Harding es nicht, zu ihrer Rolle als Rivalin zu stehen. Zu erkennen, dass es auch ganz ohne Freundschaft faire Konkurrenz geben könnte.

Erotische Siege

Nirgendwo zeigt sich so deutlich, dass Konkurrenz unter Frauen gesellschaftlich nicht anerkannt ist, wie im Sport. Die öffentliche Meinung lautet, das sei nicht richtig weiblich. Knallharte Rivalinnen werden nicht geliebt. So gibt es immer noch Menschen, die vor laufender Kamera sagen, Boxen sei kein Sport für Frauen. Frauen, die sich schlagen, das mag man eigentlich nicht sehen. Die starke Regina Halmich musste erst einem branchenfremden Moderator feste auf die Nase hauen, bis ihre Leistungen bemerkt, anerkannt und berühmt wurden. Der Show-kampf mit Stefan Raab habe sehr viel für das Frauen-boxen gebracht, erklärte die beste Boxweltmeisterin der Sportgeschichte, die nach zwölf Jahren ungeschlagen ihre Karriere beendete. Um dann, wie viele Sportlerin-nen, noch einmal deutlich zu zeigen, dass sie trotzdem auch eine Frau ist. «Königin Regina» verabschiedete sich mit erotischen Fotos in der Zeitschrift «Max». So ähnlich wie Kanzlerin Angela Merkel in der Oper zeigte, dass sie auch als Frau eine gute Figur machen kann, scheint es Sportlerinnen geradezu ein zwanghaftes Anliegen zu sein, ihre Weiblichkeit zu beweisen. Halmich war im Mai 2003 schon im Playboy zu sehen gewesen. Eine be-rufsmäßige Rivalin, eine, die ganz unweiblich zuschlägt, kann sexy sein, lautet die Botschaft. Auch andere, die nicht unbedingt zuschlagen, aber das vermeintliche Bie-derfrau- oder Kampfmaschinen-Image einer Sportlerin loswerden möchten, erklärten sich reihenweise zu Fotos bereit: 1998 hatte die bis dahin brave, disziplinierte, ost-deutsche Eisprinzessin Katarina Witt dafür gesorgt, dass der Playboy weltweit ausverkauft war. Das hatte es bis-her nur einmal vorher gegeben, mit Fotos der Schauspielerin Marylin Monroe. Witts Beispiel folgten viele: unter anderem die Eiskunstläuferin Tanja Szweczenko (April 1999), die Bob-Weltmeisterin Susi Erdmann (Februar 2004), die drei Olympia-Teilnehmerinnen Fanny Rinne (Hockey), Kathy Radzuweit (Volleyball) und Britta Heidmann (Fechten/alle August 2004) sowie die Leichtathletin Sina Schielke (Dezember 2005) und viele mehr. Nicht nur im Playboy, dem führenden Ausziehheft; Sportlerinnen versuchen überall und immer wieder, ihr weibliches Image mit erotischen Fotos aufzubessern. Ich habe nichts gegen solche Fotos, ich finde sie schön, vor allem Sportlerinnen mit ihren trainierten Körpern geben dafür gute Modelle ab. Allerdings muss man sich schon fragen dürfen: Warum treibt es die Sport-Damen in jüngster Zeit so drängend und wenig bekleidet vor die Kameras?

Auch die Superklasse-Schwimmerin Franziska van Almsick, verniedlichenderweise einfach Franzi genannt, stand für den berühmten Fotografen Michel Comte Modell, das war im Jahr 2004. Vorher war es ihr schlecht ergangen, aus dem süßen kindlichen Schwimmwunder war eine Frau geworden. Das gefiel den Leuten nicht, sie wollen lieber Mädchen schwimmen sehen. Bei den Olympischen Spielen 2000 in Sydney hatte van Almsick gerade ihre Essstörung in den Griff bekommen, als es beim Schwimmen nicht so gut lief. So wurde sie regelrecht geschlachtet: Die «B.Z.» druckte ein sehr unvorteilhaftes Foto von ihr und schrieb «Franzi van Speck – als Molch holt man kein Gold». Nun lagen alle auf der Lauer, die früher so süße Franzi als traurigen Molch darzustellen. Schwimmerinnen haben nun mal einen muskulösen, kämpferischen Oberkörper, sie sind keine zarten Frauchen. Sie sehen nicht aus wie Mädchen.

«Ich kann nicht immer nett sein, ich kann nicht immer lachen. Es gibt Tage, da will ich gar nicht lachen. Manche Leute verstehen das nicht. Und dann wirst du schnell in eine Schublade gesteckt», sagte sie im Interview zu den erotischen Fotos im «Stern». Die Schublade für eine unweibliche, überehrgeizige Kampfhenne ist ungemütlich – entwürdigend, wenn dazu auch noch fiese Fotos gedruckt werden. Aus solchen Schubladen kommt man am besten mit erotischen Fotos wieder heraus, zeigt sich als Frau, erfüllt die Weiblichkeitsnorm, auch wenn man nicht immer lachen kann. Und anders als Frauen in Politik, Wissenschaft und Wirtschaft ist Sportlerinnen ja erlaubt, sexy oder erotisch aufzutreten. Da freuen sich dann alle.

Konkurrenz ist unweiblich, diese schwierige Regel schaffen wir uns nicht nur unter Frauen, sie beherrscht die Meinung der Allgemeinheit. Im Grunde ordnen wir Frauen uns dem bereitwillig unter, wir wehren uns nicht dagegen, spielen mit, können vielleicht nicht anders. Die Medien verurteilen weiblichen Wettkampf immer wieder, wenn sie ihn «Zickenzoff» taufen. Der kann dann, wenn die Sportlerinnen entsprechende Anti-Zicken-Fotos machen lassen, sehr gerne zum «Busen-Duell» umgetauft werden. So bei den beiden Eisschnellläuferinnen Claudia Pechstein und Anni Friesinger, die eine lange Rivalinnen-Karriere haben. Beide Blondinen, beide erfolgreich, beide hübsch. Auf dem Höhepunkt der ausgespielten Neidschlacht freute sich etwa «Der Spiegel» über die «nacktaktive Läuferin» Friesinger, die Pechstein lange Zeit «auf dem Eis und bei der Körbchengröße überlegen» war. Die dann aber beim Sport in Salt Lake City trotzdem verlor – gegen Pechstein, die angeblich launische, verkniffene ehemalige DDR-Athletin.

Der Frauen-Leistungssport kommt ohne Zickenduelle offenbar nicht aus. Wie könnte eine Frau unter Frauen erfolgreich sein, ohne irgendwelche Zickenkriege hinter sich gebracht zu haben, fragt sich die Presse und liegt hämisch auf der Lauer. Magdalena Neuner, die dreifache Biathlon-Weltmeisterin, ist jetzt in den Verdacht geraten. «Droht ein erneuter Zicken-Krieg im deutschen Wintersport?», hoffen die Gazetten, man reibt sich förmlich die Hände. Diesmal soll es eine besonders gute Neid-Debatte sein, jubelt man. Die 29 Jahre alte Neuner-Konkurrentin Andrea Henkel sei verärgert, fühle sich benachteiligt und habe deshalb ihren Manager Stephan Peplies an die Luft gesetzt. Henkel und Neuner hatten Peplies bisher als gemeinsamen Manager. Was für eine hübsche Geschichte, hier gibt es auch noch Wettbewerb um einen Mann, wenn auch nur um einen Trainer, keinen Lover, das wäre nämlich noch schöner. Die beiden sollen noch nie gute Freundinnen gewesen sein, heißt es weiter. Na so eine Überraschung, warum sollten sie auch? Die Wahrheit ist einfach: Nicht alle Frauen sind gute Freundinnen, manche einfach nur Rivalinnen. Und auch unter Frauen soll es faire Rivalinnen geben. Wenn man sie denn lässt.

Wie sagte zum Beispiel Claudia Pechstein: «Anni und ich haben uns nie so gut verstanden, dass ich mit ihr einen Kaffee trinken gehen würde. Wir müssen keine Freundinnen werden, auch wenn wir im neu geschaffenen Teamwettbewerb zusammen an den Start gehen.» Genau, so einfach ist das. Recht hat sie. Den Begriff Zickenkrieg hätten die Medien geprägt: «Ich bin nicht traurig darüber, immerhin wurde dadurch meine Popularität und die meiner Sportart gesteigert.» Wie schön, dass dieser Unsinn auch nützlich sein kann.

Nur auf den ersten Blick scheint es am elegantesten, wenn eine Frau Sportlerin und Topmodel in einem sein kann, wie etwa das Tennis-Ass Anna Kournikova, die in beiden Disziplinen Spitze war. Neider werden allerdings nicht müde, darauf hinzuweisen, dass sie als Sexsymbol sogar heute noch über sehr ertragreiche Sponsoren verfüge, aber nie ein Einzelturnier gewonnen habe. Vor allem Neiderinnen, also Frauen, haben damit ein Problem: «Obwohl Kournikova, das Tennis spielende Model, … auch nicht eine der besten Spielerinnen ist, wird sie von verschiedenen Großkonzernen … gesponsert», schreibt etwa die amerikanische Feministin Leora Tanenbaum in ihrem Buch über Konkurrentinnen. Dahinter steckt die Idee, Sexy Hexi kann keine gute Sportlerin sein. Man fragt sich kurz, ab wann denn eine zu den «besten Spielerinnen» im Tennis gehört. Für diese Missgünstigen zählt offenbar nicht, dass Kournikova eine gute Teamplayerin war, es auf der Weltrangliste im Doppel auf Platz 1 geschafft hatte. Höher geht es übrigens nicht. Auch im Einzel kam sie bis auf Platz 8. Eine enorme Leistung, die nun wiederum nicht anerkannt wird, weil sie ihre Weiblichkeit zu stark betonte. Scheint fast so, als könne man es als erfolgreiche Frau der öffentlichen Meinung nie recht machen. Weil eben Erfolghaben und Frausein prinzipiell als Widerspruch gesehen wird? Versteckt euch nicht, möchte man da rufen. Tragt Korsagen, High Heels, Miniröcke! Zeigt der Welt, dass auch attraktive Frauen erfolgreich sein können! Und vor allem: Akzeptiert euch untereinander, erst recht als Rivalinnen.

7. Konkurrenz um Männer

Auf jeden Fall einen abbekommen?

Konkurrenz um Männer, warum eigentlich? Es gibt doch genug von ihnen. Sie sind keine Mangelware, jedenfalls nicht so selten wie etwa Krippenplätze oder fair bezahlte Jobs, auch nicht so schwer zu kriegen wie Schönheit; immerhin leichter zu behalten als ewige Jugend. Wenn ich aber Freunden erzählte, dass ich ein Buch über Konkurrenz unter Frauen schreibe, fragte jeder Mann und fast jede Frau: Konkurrenz, aha. Um Männer? Das ist wohl der Klassiker, angeblich der für Frauen wichtigste Bereich. Viele Frauen meinen, andere Frauen machen sich nur deshalb schön, um einen Mann abzukriegen. So ähnlich, wir erinnern uns, ist auch die Ansicht vieler Feministinnen. Sie lehnen Stöckelschuhe, Korsagen, Miniröcke – eben alles, was uns sexy macht – ab. Schließlich sollen sich Frauen nicht zum Objekt für Männer machen, und auch nicht um so eine Nichtigkeit wie einen Mann mit einer Frau konkurrieren. Männer denken sowieso, dass sie das Wichtigste für Frauen sind, und vermuten hier die härteste Konkurrenz. So richtig schöne Zickenkriege um den Kerl. – Das hättet ihr wohl gerne!

Dahinter steckt die Vermutung, dass es der Dreh- und Angelpunkt unseres Daseins sei, Mr. Right zu finden. Darum kämpfen wir mit anderen Frauen, dafür sind wir auf der Jagd, bis wir den Märchenprinzen im Netz haben. Ist das wirklich so? «Wir erleben den Verfall des Wertes Mann», bringt Jutta Allmendinger, Präsidentin des Wissenschaftszentrums für Sozialforschung in Berlin, den aktuellen Kurs des Mannes für Frauen auf den Punkt. «Männer sind für Frauen nicht mehr der Referenzpunkt, um den sich alles dreht», fasst die Expertin in «Brigitte» die Antworten auf die Frage «Was halten junge Frauen von Männern?» zusammen.

Die «Süddeutsche Zeitung» beklagte kürzlich, dass immer mehr zehn- bis fünfzehnjährige Mädchen dem Schönheitswahn verfallen sind. Ohne Wimperntusche und Kajal gehe sie nicht zu McDonald's, wird eine Fünfzehnjährige zitiert. Es wird gestylt, gezupft, gefärbt, rasiert und gecremt wie noch nie. Alles für die Jungs? Nein, stellt eine Expertin vom Deutschen Jugendinstitut klar, der Anteil der Mädchen, die nur Flirten im Kopf hätten, sei nicht höher als zehn Prozent, viel wichtiger seien ihnen da sogar noch die Noten, die kommen quasi gleich nach dem perfekten Styling. Welches wiederum mehr mit der Konkurrenz untereinander um Anerkennung und Zugehörigkeit zu tun hat als mit einem verschärften Wettbewerb um Jungs.

«Der Minirock ist zu kurz», sage ich zu meiner Tochter, die größer ist als ich und plötzlich eines ihrer Grundschulkleidungsstücke aus dem Schrank gekramt hat. Sie können mir glauben, wenn ich sage, ein Rock ist zu kurz, dann ist er es auch. Der Nachwuchs stolziert durch die Wohnung: «Nein, ist er nicht!» Aber sie zieht ihn dann doch nicht an, weil: «In meiner Clique findet sowieso keine Miniröcke gut.» Es geht beim Outfit also auch wieder vor allem um die anderen Mädchen.

Die Zeiten sind vorbei, als Frauen auf Gedeih und Verderb darauf angewiesen waren, einen Mann zu finden, der sie ernährt. Nur knapp ein Drittel der jungen Frauen unter dreißig finden Heiraten überhaupt noch wichtig, so die «Brigitte»-Studie «Frauen auf dem Sprung». Unabhängigkeit spielt für sie eine deutlich größere Rolle: 85 Prozent legen Wert auf ihr eigenes Gehalt. Einen Mann und eine Beziehung um jeden Preis, das ist von gestern. Viele Frauen finden es auch längst nicht mehr schlimm, für längere Zeit als Single zu leben. Die Erfolgsserie «Sex and the City» erzählt davon, dass das richtig Spaß machen kann. Auch wenn in der Serie am Schluss alle in einer festen Beziehung landen. Denn natürlich sind Männer nicht völlig out, es ist immer noch eines der Ziele in einem Frauenleben, eine glückliche Partnerschaft hinzukriegen. Und viele Frauen suchen verzweifelt nach dem, der passt. Aber es ist lange nicht mehr das Wichtigste. Dafür würden wir längst nicht mehr alles aufgeben. Wir sind so frei und auf jeden Fall bereit, die Beziehung zu beenden, wenn der Traumprinz sich in einen Frosch verwandelt. Wir heben unsere Energien für wichtigere Ziele auf.

Zudem haben offenbar vor allem junge Frauen nicht unbedingt die beste Meinung vom männlichen Geschlecht. Viele glauben, dass Männer nicht über ihre Gefühle reden und an verantwortungsbewussten Beziehungen kaum interessiert sind. Zu Unrecht, denn Partnerschaft ist Männern längst viel wichtiger als Frauen, 35 Prozent der Männer würden für die Liebste Freundschaften vernachlässigen, dazu wären nur 18 Prozent der Frauen bereit, so die Brigitte-Studie. Freundinnen sind Frauen wichtiger. Und Männer brauchen eher eine Frau.

Denn Männer sind heute mehrheitlich viel weniger dazu in der Lage, ohne Partnerin glücklich zu werden. Trotzdem hält sich das Vorurteil, Frauen kämpften und konkurrierten vor allem um die Männer. Im meinem Bekanntenkreis gibt es jedenfalls mehr männliche Singles, die verzweifelt nach einer Frau und Familie suchen, als umgekehrt. Für Frauen gibt es auch über vierzig noch eine entspannte Auswahl an Männern. Einem geschiedenen Vater von zwei Kindern, der jedes Jahr mindestens einmal an gebrochenem Herzen leidet, der aber immer wieder Hals über Kopf einem neuen Liebeswahn verfällt, ohne die Frau für eine lange Beziehung zu finden – häufig deshalb, weil sie sich eingeengt fühlt und flieht –, sage ich: «Du liebe Güte. Versuche doch erst mal, zufrieden alleine zu leben, vielleicht findest du dann eher die Richtige.» «Alleine sein», antwortete er mit verblüffender Offenheit, «das kann ich nicht, das will ich nicht.» Und schon stürzt er sich ins nächste Drama.

Rivalinnen der Liebe

Obwohl Frauen heute Unabhängigkeit wichtiger ist und sie einen Wettbewerb um Männer gar nicht nötig haben, gibt es natürlich auch bei Sex und Liebe Rivalität. Und das in verschiedensten Variationen: Da ist etwa der spielerisch leichte Aspekt, bei dem nur zählt, gegen eine andere Frau zu gewinnen. Es geht also um die Konkurrentin, und nicht um den Mann. So wird geflirtet nach allen Regeln der Kunst, um zu sehen, wen man eigentlich alles haben könnte; auch wenn man die Beute schließlich gar nicht will. Die Jagd macht Spaß, der Weg ist das Ziel. Der Wettbewerb ist interessant, der Mann relativ egal. In dieser Kategorie gibt es auch einige Frauen, die sich grundsätzlich eher für gebundene Männer interessieren. Der Mann, der schon eine Frau hat, übt auf sie als vermeintlich schwieriger Fall einen besonderen Reiz aus. Das Gefühl, besser als eine andere anzukommen, ist hier die Triebfeder.

Dann gibt es auf der anderen Seite die Besitzstands-Verteidigerinnen, die meinen, ständig auf der Hut sein zu müssen, dass ihnen ihr Goldstück von Kerl nicht abspenstig gemacht wird. Sie fühlen sich umschwärmt von drohenden Rivalinnen. Auch dann, wenn der Kerl so klein wie rund ist, ihm die Haare ausgehen und er es schafft, jede Gesprächspartnerin nach zwei Minuten zu langweilen. Er ist das eine einzige Goldstück, das die Besitzstands-Verteidigerin auf jeden Fall behalten muss. Das sie stolz mit sich herumschleppt wie eine neue Prada-Tasche. Eine Bekannte, die aufs Land gezogen ist, erzählte mir, dass nach ihrer Scheidung ihr ganzer Bekanntenkreis verloren ging. Zu den Partys im Pärchenkreis wurde sie als Alleinstehende gar nicht mehr eingeladen. Die anderen Ehefrauen hätten befürchtet, sie würde sich den neuen Mann unter ihren Gatten suchen. Kaum zu glauben, dass es so etwas heute noch gibt. Und was für ein Glück für meine Freundin, die sich neue Unterhaltung suchen musste. Denn gegen diese Feten der Einfamilienhaus-Glückseligen sind sogar die Geburtstagsfeiern meiner alten Tante Änne noch ein richtiger Stimmungsknaller. Die Furcht vor einer Pseudo-Rivalin, die Einbildung der ständig drohenden Gefahr, das Eheglück zu verlieren, ist eines der größten Übel. Insgesamt zeugen aber weder diese Angst noch das Dauergeflirte mit Vergebenen von gesundem Selbstbewusstsein. Nur wer sich seiner selbst nicht sicher ist, leidet unter dieser meist unbegründeten Furcht, gegen eine andere verlieren zu müssen. Es geht also auch hier wiederum mehr um die andere Frau als um den Mann.

Besser zu sein als die Rivalin, das ist auch in der folgenden Geschichte das Hauptmotiv. Ich war auf der Suche nach Frauen, die schon mal unter Freundinnen um einen Mann konkurriert haben. Nicht leicht zu finden. Meine Studienfreundin Rita, die schon lange in einer anderen Stadt wohnt, war eine von vielen, der niemand einfiel. Einen Tag später rief sie an: «Hey, ich habe es ganz vergessen, mir ist das schon einmal passiert. Ulrike ist mit einem Freund von mir ins Bett gegangen.» Ich war sehr überrascht – Ulrike? Na, das hätte ich aber nicht gedacht. Was für eine interessante Geschichte. Damit sie auch verständlich wird, muss ich zuerst ein wenig von Rita und Ulrike erzählen. Rita ist ein temperamentvolles Energiebündel, das gerne flirtet und es in Beziehungen nie so richtig lange aushält. Treue ist für sie in einer Partnerschaft nicht wichtig, da ist sie großzügig und tolerant, übrigens nicht uneigennützig, denn sie selbst kann vieles, aber nicht einem Mann treu sein. Rita ist eine Partylöwin, eine, die immer und überall neue Leute kennen lernt. Nachdem sie Theaterwissenschaft studiert hatte, jobbte sie sich fröhlich durchs Leben: als Hostess, im Event-Management, als Flugbegleiterin. Schließlich blieb sie bei einer PR-Agentur hängen, sehr erfolgreich. Denn was sie in ihrer Sprunghaftigkeit gerade auch tut, es gefällt ihr und macht ihr Spaß, ihr Leben ist ein Zickzack-Lauf, der den meisten anderen Menschen Angst machen würde. Ulrike dagegen ist eine, deren Weg schon immer ganz klar geradeaus führte. Rita und Ulrike waren schon während der Schulzeit ganz eng befreundet. Rita sagt, sie habe Ulrike, die zwei Jahre älter ist, immer bewundert. Für ihre Ruhe, ihre Beständigkeit, ihre Geradlinigkeit und Zielstrebigkeit. Ich selbst kannte Ulrike nur flüchtig, fand es aber reichlich spießig, dass jemand schon mit zwanzig sein ganzes Leben geplant hat, Medizin studiert, den Jugendfreund heiratet, ein Haus baut, Kinder auf den Punkt genau plant und bekommt, immer gebügelte Blusen trägt. Ulrike ist in ihrem ganzen Leben wahrscheinlich nur mit drei Männern ins Bett gegangen... und einer davon musste ausgerechnet Ritas Freund sein.

Es war während des Studiums, erinnert sich Rita, sie hatte Geburtstag. Heinz, ihr damaliger Lover, hatte schon früh zu viel getrunken und war auf Streit aus. Rita warf ihn raus. Ulrike, die aus ihrem Studienort angereist war und abends noch mit dem Auto zurückfahren wollte, bot sich an, Heinz nach Hause zu fahren.

Als Rita am nächsten Tag Heinz besuchte, roch sie es: Ulrikes Parfüm. «Klar», sagt Heinz, «ich war mit der in der Kiste, ja und?» Treue war ja keine Regel in Ritas und Heinz' Partnerschaft. Rita hat sich dementsprechend ein paar Tage geärgert und ihre lockere Beziehung mit Heinz so weitergeführt wie bisher. Und was war mit Ulrike? «Ich wartete darauf, dass sie mir das Ganze erzählen würde», sagt Rita. Aber das passierte nicht, sie telefonierten, Ulrike sagte nichts. Sie trafen sich: nichts. «Nichts, nichts, nichts», schimpft Rita, «sie sprach nicht darüber. Sie hätte es mir sagen können. Sie wusste, dass ich sie bewundere. Sie wusste, dass ich es mit Männern nicht so genau nehme.» Rita schränkt die Treffen ein, die Freundinnen sehen sich seltener. Die Freundschaft schleppt sich so dahin, wird immer weniger. Irgendwann – Jahre später – saß Rita mal wieder am Küchentisch von Ulrike; sie wird wütend, wenn sie sich daran erinnert: «Ich hocke da in dieser kalten durchgestylten Colani-Wohnung, sie ist schwanger, zeigt mir Schühchen, wie reizend, sie will, dass ich Patentante werde. Da habe ich dann mal nachgefragt: Findest du nicht, dass du mir die Geschichte mit Heinz hättest erzählen sollen? Fandest du das in Ordnung?» Ulrike habe sie nur sehr gelangweilt angesehen: «Ach Süße, das war doch so eine Nebensächlichkeit», antwortete sie. Es war das letzte Mal, dass die beiden sich getroffen haben.

Sie habe Ulrike immer angebetet, erklärt Rita; die hatte ja alles: glänzendes Studium, einen guten Verdienst, Ehe, Haus, alles perfekt. Aber auch Rita hatte etwas, das Ulrike gerne gehabt hätte. Auch Ulrike war neidisch auf dieses andere Leben der Freundin: «Um mich waren immer die Typen rum, Ulrike wurde nie beachtet.» Rita weiß heute, warum Ulrike mit Heinz geschlafen hat. Wie hätte sie einer Konkurrentin besser beweisen können, dass sie ein kleines mieses Mistleben führt? Indem Ulrike sich nicht nur einfach nebenbei einen dieser Rita-Typen griff, sondern diesen Sieg obendrein als völlig unbedeutend abtat. Was hätte sie auch zu der Aktion sagen sollen: «Ich fand den Typen so toll.» Oder: «Ich war gerade so geil.» Das hätte ihr sogar Rita nicht geglaubt. Ulrike hat sich weder für Heinz noch für den Sex interessiert; sie wollte ein Mal die Konkurrentin nachhaltig aus dem Feld schlagen. Mit einem gezielten One-Night-Stand nur für sich – aber völlig unbedeutend natürlich.

Wo fällt die Liebe hin?

Schließlich gibt es dann auch noch die Himmelsmacht Liebe; Konkurrentinnen, denen es tatsächlich darum geht, den einen einzigen Traumprinzen zu gewinnen. Das Lieblingsdrama in Film, Funk und Fernsehen. Liebe ist die schönste Ausrede für trickreiches Gebagger, intrigante Verführungskünste und hinterlistige Flirtattacken. Prominentes, unvergessen reales Beispiel sind die Rivalinnen Diana Spencer und Camilla Parker-Bowles, die um die Gunst des britischen Thronfolgers Charles buhlten. Zwei Frauen, die sich jahrzehntelang eine zermürbende, heimliche Schlacht lieferten. Diana, die jüngere, attraktivere, vom britischen Volk innig geliebte Mutter der Prinzenkinder gegen Camilla, die verheiratete andere Frau. Die Seelenverwandte, langjährige beste Freundin und Geliebte von Charles. Dass sie in ihrer Ehe immer zu dritt waren, beklagte Diana in ihrem Aufsehen erregenden TV-Interview über ihr trauriges Leben in ewig schwelender Konkurrenz. Besser hätten sich die Brüder Grimm ein grausames Märchen nicht ausdenken können. Aschenputtel ist eine vergleichsweise harmlose Geschichte dagegen, zumal der Prinz da am Schluss die Richtige heimführt. Jedenfalls die, die Leser und Publikum für die Richtige halten.

Ein Mann, der sich nie entscheiden kann, zwei Frauen, die nicht loslassen können – die klassische Situation: Ehefrau konkurriert mit Geliebter und umgekehrt, das ist die typische Besetzung für viele unendliche Geschichten. Es gab sie immer und wird sie immer geben.

Der Freund der Freundin

Silke liebte diese Urlaube, in denen sich alle auf dem idyllischen Campingplatz in Südfrankreich trafen: die ganze Clique, mit Kindern und Freunden, jedes Jahr. Ihre beste Freundin Claudia würde in diesem Jahr dabei sein, sie würden alle gemeinsam kochen, am Strand liegen, abends ums Lagerfeuer sitzen, während die Kinder schon im VW-Bus schliefen. Mit Claudia ist Silke schon seit dem Studium befreundet, die Freundin arbeitet nun als Dozentin an der Uni, während Silke zuhause ihre zwei kleinen Kinder betreut. Dominik ist ja gerade erst sechs Monate alt, Ellen ist eben drei Jahre alt geworden. Silke ist seit vier Jahren mit Bernhard verheiratet, der als Architekt das Geld für die Familie verdient. Die Beziehung sei vor dem Urlaub gerade etwas angestrengt gewesen, erzählt Silke, aber mit zwei kleinen Kindern sei das ja ganz normal.

So hoffte sie auf Entspannung und Beruhigung an der Ehefront. Freute sich sehr, der Freundin wieder näher zu sein. Denn obwohl die beiden Frauen gerade so verschiedene Leben führten, hatten sie sich nie aus den Augen verloren. Regelmäßig gingen sie zusammen ins Kino, telefonierten und teilten alle Geheimnisse, dachte zumindest Silke.

Am Lagerfeuer ist jeden Abend viel los, Musik, Diskussionen, kaum einer ist hier schon über dreißig, oft springt man nachts noch ins Meer. Eines Abends, es ist mal wieder spät geworden, bleibt Bernhard verschwunden, als Silke ins Bett gehen will. Ob ihn jemand gesehen hat, fragt sie in die verbliebene kleine Runde der noch die letzte Zigarette Rauchenden. Die Leute reagieren seltsam betroffen, aber keiner weiß, wo Bernhard sein könnte. Oder doch? Silke verbringt eine unruhige Nacht, denn ihr Mann taucht nicht auf. Als sie am frühen Morgen für ihre kleine Tochter Ellen ein Frühstück vor dem Campingbus bereitet, sieht sie ihn aus den Dünen kommen. Mit Claudia. Ihrer besten Freundin.

Sie sei in ein tiefes Loch gefallen, sagt Silke, die Einsamkeit sei mit einem Schlag gekommen, unerwartet, unerträglich, unentrinnbar. Zehn Jahre ist das jetzt her. Mit Claudia hat Silke nie mehr ein Wort gesprochen, mit Bernhard wurde die Scheidung abgewickelt. Ein bitterer Fight um Sorgerechte und Finanzen folgte, ein trauriges Ende, das Silke nun auch ohne beste Freundin durchstehen musste. Sie habe, sagt Silke, lange niemandem mehr vertrauen können, sich ewig selbst wegen ihrer dämlichen Naivität bezichtigt. Viele Jahre blieb sie alleinerziehend; immer wenn eine neue Partnerschaft beginnen sollte, ergriff sie die Flucht. Freundinnen misstraute sie, unbeschwerte Beziehungen zu leben habe sie erst wieder lernen müssen.

Claudia hat später Bernhard geheiratet, die beiden hätten schon länger vor dem Frankreichurlaub ein Verhältnis gehabt, erfuhr Silke von gemeinsamen Freunden. Eine Geschichte wie aus einem Groschenroman, ein schauriger Albtraum. So ein Desaster gönnt man seiner schlimmsten Feindin nicht.

In den ungeschriebenen und unausgesprochenen Geboten für Freundinnen steht an erster Stelle: Du sollst nicht begehren den Freund deiner Freundin. An zweiter: Du sollst ehrlich sein. Mit dem Freund der Freundin eine Affäre zu beginnen bedeutet Lügen, Versteckspiel, heimliche Rivalität. Der Freundin den Mann auszuspannen ist nicht gut angesehen. Das gibt keine Frau gerne zu. Die wenigen, die ich sprach, sagten: «Die Partnerschaft war ohnehin am Ende». Sicher hätte Claudia das genauso gesehen. Bernhard wahrscheinlich auch. Offenbar haben in diesem Spiel sogar die Sieger das Gefühl, an unlauterem Wettbewerb teilgenommen zu haben. Warum würden sie sonst eine Rechtfertigung dafür brauchen, dass sie sich so unentrinnbar verliebt haben. Muss es ausgerechnet der Freund der Freundin sein? Wirklich alles Schicksal? In einem Frauenzeitschriften-Interview vermutet eine Psychologin, dass es meist ein bestimmter Typ Frau ist, der sich für den Freund der Freundin interessiert. Sogenannte «Sensation Seeker», Menschen, die das Drama, den Thrill der verbotenen Gefühle und das Risiko, entdeckt zu werden, brauchen, um sich wohl zu fühlen. In diesem Fall wahrscheinlich, um sich überhaupt zu verlieben. Business- und Konkurrenz-Experte Kurt Theodor Oehler würde die ganze Sache jedenfalls sicher unter der Kategorie destruktive Rivalität einordnen; sie beendet das gemeinsame Gespräch, bricht den direkten Kontakt ab und verschlechtert menschliche Beziehungen. Aber mit dem Wort Liebe lässt sich eben viel entschuldigen.

8. Meine Kinder auf der Überholspur

«Stell dir vor, Anna braucht schon keinen Schnuller mehr», sagte meine Freundin Geli vor vielen Jahren. Diese kleine Geschichte passt gut zum Thema positive Konkurrenz.

Wir waren bei Geli zum Mittagessen eingeladen und saßen mit unseren Töchtern in friedlicher Freundinnen-Atmosphäre um den Tisch. Wie üblich im Geheimen mal schnell Falten wie graue Haare zählend, flache Bäuche und stramme Schenkel scannend. Natürlich verglichen wir auch unsere gerade mit Schokoladenpudding verschmierten, zappelnden Kinder. Ich erinnere mich noch sehr genau an diese Situation, wahrscheinlich, weil das ein sehr wichtiger Konkurrenzbereich zwischen uns Frauen ist.

Es ist kurz vor drei, nicht Uhrzeit, sondern kurz bevor unsere Kinder drei Jahre alt werden, sie kommen bald in den Kindergarten. Da sind Schnuller verpönt, auch beim Mittagsschlaf. Bis zum entscheidenden Datum des Kindergarteneintritts müssen die ekligen Saugteile endlich verschwunden sein. Ich kann mir zu diesem Zeitpunkt zwar so einiges ausmalen, was aus meiner begabten Tochter später werden wird, aber nicht, dass sie jemals vom Schnuller lassen wird. Eigentlich habe ich mich damit abgefunden, dass sie auch noch mit 20 zum Einschlafen heimlich einen Schnuller benutzen wird. Ich kann mir ein Leben ohne nicht mehr vorstellen. Und nun soll Anna tatsächlich schon jetzt diese versabberte Psychokrücke losgeworden sein? Pünktlich kurz vor drei. Ausgerechnet Anna, die viel später sauber geworden ist als meine Süße (ganze vier Wochen später), die viel länger gebraucht hat, bis sie einen Satz sprechen konnte (mindestens vier Tage), die immer noch die Gabel hält, als wollte sie die Pommes ermorden. Anna ist zwar auch ein ganz ordentlich begabtes Kind, war aber bisher nicht zu vergleichen mit meinem. «Ja, das ist ja toll», lobe ich Anna scheinheilig. «Sogar nachts kommst du ganz ohne aus?», höre ich mich fangfragen. «Sie braucht gar keinen Schnuller mehr seit einer Woche», flötet stolz meine liebe Freundin Geli. Meine Tochter sagt dazu nichts und löffelt weiter ihren Pudding. Ich wechsele das Thema, ärgere mich still.

Als wir abends zuhause ankommen, gibt es eine Überraschung: «Ab heute ist Schluss mit dem Schnulli», verkündet meine fast Dreijährige tatächlich mit diesen feierlichen Worten. Um meine dringend benötigte ruhige Nacht besorgt, schlage ich vor, es doch zuerst mal beim Mittagsschlaf ohne den Beruhigungsstöpsel zu versuchen. Nein, sie ist fest entschlossen, sammelt die Schnuller aus allen Ecken, alle müssen sofort, auf der Stelle aus der Wohnung. Keinen will sie als Reserve behalten. Nie mehr hat sie einen benutzt. Nicht nur die Mütter sind Konkurrentinnen, auch die Töchter. In diesem Fall hatte der Wettbewerb sein Gutes.

In vielen Fällen nervt die ständige Konkurrenz um die schönsten, schnellsten, intelligentesten, tollsten Kinder. Wenn eine Mutter mit gleich altem und gleich dämlichem Säugling nach jedem erfolgreich geschluckten Löffel Alete-Brei die Freundin anruft, um so darüber zu berichten, als habe der Nachwuchs gerade Abitur gemacht, dann kann daran auch eine Freundschaft zerbrechen. Denn auf dem Konkurrenzgebiet Kinder kennen Frauen, nein: Eltern insgesamt keine Hemmungen.

Eigentlich ist es die normalste Sache der Welt, Kinder zu bekommen und darauf auch stolz zu sein. Schon okay, dass da auch eine gewisse Konkurrenz herrscht. Doch allzu viele Eltern sind heute Helden einfach, weil sie Eltern sind, und die Kinder sind der Wahnsinn: an Begabung, Sportlichkeit und Schönheit. Vor allem bei den Müttern dreht sich plötzlich alles nur noch um Sohn oder Tochter, die kleinen Wunder. Doch woher kommt dieser Kinderwahn, wie wird er übertragen? Es gibt einfach zu wenige Kinder, sie haben Seltenheitswert. Viele Frauen warten heute, bis es fast zu spät ist, bekommen mit Ende dreißig, Anfang vierzig ihr erstes Kind und stürzen sich dann mit Verve auf diese neue Aufgabe. Tatsächlich hat Deutschland die niedrigste Geburtenrate in der EU, und vor allem die akademische Mittelschicht kann sich nur schwer zum Nachwuchs durchringen. Mehr als 40 Prozent der deutschen Frauen mit Hochschulausbildung haben keine Kinder. Wer in dieser Liga noch ein Kind hat, fühlt sich so außergewöhnlich, dass er dies sogar Wildfremden auf dem Anrufbeantworter, in Zeitungsanzeigen oder auf Klingelschildern mitteilt. So glücklich? «Der Verdacht drängt sich auf, dass viele Jungeltern, entgegen der zur Schau getragenen Zufriedenheit, schlicht frustriert sind», schrieb die «Weltwoche» zum Thema Kinderwahn. Auch heute verzichtet ein großer Teil der 30- und 40-jährigen Mütter mindestens auf die ursprünglich geplante Karriere und muss ihren ganzen Ehrgeiz plötzlich an Pastinakenbrei und Elternversammlungen auslassen. Und ist oft furchtbar übertrieben engagiert. Offenbar muss hier Verzicht durch das Vorzeigenkönnen des Kindes kompensiert werden. Mutti, die früher eine andere Karriere machte, ist zumindest intellektuell unterfordert. Und das Leben hat plötzlich noch ganz andere Schattenseiten: In für den Nachwuchs durchwachten Schreinächten ist die letzte sexuelle Leidenschaft verloren gegangen, die Beziehungen kriseln oder dümpeln vor sich hin. Das Cabrio ist ohnehin längst gegen ein geräumiges Van-Monster getauscht, die Urlaube in familienfreundlichen Hotels oder Clubs erinnern an Zusammenkünfte von Sekten. Für diese vielen Entbehrungen gibt es jetzt den kleinen Sonnenschein, der alles überstrahlen muss. Die Mutter, die kürzlich in der Zeitung annoncierte: «Heute wurde unsere Frau Doktor in spe eingeschult», machte nicht nur einen Witz. Die Ansprüche sind hoch, der einzige Sinn im Leben muss sich auszahlen. Das Kind muss besser sein als andere, oder zumindest bei den Besten.

So wird in der Schwangerschaft Mozart gehört, und kaum bekommt der begabte Nachwuchs drei ordentliche deutsche Sätze über die Lippen, schallt schon «Ni hui shuo Hanyu ma?» aus dem Kassettenrekorder – und das kommt einem nicht nur chinesisch vor. Bettina redet mit ihrem dreijährigen Max zuhause nur Englisch, er solle nicht die Chance verpassen, zweisprachig aufzuwachsen. Es ist ein Wettlauf gegen die Uhr, ständig schlagen irgendwelche Zeitfenster in den Kinderhirnen zu und bestimmte Sachen können dann nicht mehr so leicht gelernt werden, heißt es. Im Fernsehen sah ich kürzlich eine Mutter, die ihre kleinen Söhne von Montag bis Freitag im englischen Kindergarten betreuen lässt, doch damit nicht genug: Samstags haben die Kids «Economics» und «Technology» bei «Fast Track Kids». Ihre «Kinder auf der Überholspur» werden von einer überehrgeizigen Mutter getrieben, die meint: «Die gehen da gerne hin, außerdem schadet Englisch ja nie.» Ein Einspielfilmchen zeigt kleine Jungs in der heimischen Küche mit dem Papa gestelztes Englisch palavern. In den Augen der Mutter lese ich ein stolzes «Das können eure nicht». Eine Siegerin auf ganzer Linie.

Andere brauchen jede Menge sündhaft teure Sachen, mindestens den Trendkinderwagen Bugaboo Frog, wenn es geht die limitierte Edition für 2000 Dollar. Oder wie wäre es mit einem Schnulli oder Fläschchen aus der Jon-Bon-Jovi-Kollektion «Rockstarbaby»? Und dazu einen kleinen Kaschmirsweater von Marc Jacobs zum Vollsabbern? Zur Auswahl steht einiges: Mittlerweile hat jeder namhafte Designer eine Kinderlinie, auch Nobelmarken wie Dior, Escada oder Roberto Cavalli. «Von dieser modisch frühreifen Klientel profitieren Händler im oberen Segment», schreibt das Branchenblatt «TextilWirtschaft». Die Nachfrage ist da, Mütter wollen nicht nur das schlauste, sondern auch das schickste Kind. Mit dem Tanz ums goldene Kind lässt sich richtig gut Geld verdienen. Fast so gut wie mit der Schönheit.

Dass sich dieser Kinderwahn nicht nur auf Äußerlichkeiten beschränkt, führen auch jede Menge A-Promis vor. Madonna wurde nach der Geburt von Lourdes spirituell, die Designerin Katherine Hamnet verkündete, sie habe, bis sie endlich ihre Kinder bekam, vierzig Jahre lang als Egoistin gelebt. Andere schrecken auch nicht vor deutlicheren Beleidigungen der nutz- und kinderlosen Spezies zurück. So verkündete Angelina Jolie, sie vögle nun nicht mehr verantwortungslos herum wie «andere Frauen in meinem Alter». Ein Kind, so scheint es, bringt endlich Sinn ins zweckfreie Erwachsenenleben einer Frau.

Von derart geläuterten Müttern werden Babys und Kleinkinder zum Abbild des eigenen Selbst getrimmt, jeder soll sehen: «Sie sind mindestens so schön und so toll wie ich.» Suri, Tochter von Tom Cruise und Katie Holmes, ist, bevor sie überhaupt sprechen kann, die Mini-Ausgabe der Mama, mit trendiger Bobfrisur und angeblich maßgeschneiderten Louboutins-Schühchen für 3000 Dollar.

Wie süß? «Sie müssen aber damit rechnen, dass all Ihre Bemühungen, ihren kleinen Johnny besser, schlauer und schicker zu machen, ihn schließlich in einen richtigen Mistkerl verwandeln», warnte das US-Magazin «Details» kürzlich, und befürchtete, dass der verwöhnende Erziehungsstil eine ganze Generation von «Douchebags» (Mistkerlen) heranziehe. Das ist dann der 3-Jährige, der weiß, dass er nur ausdauernd brüllen muss, um auch noch das vierte Eis zu bekommen, oder die 13-Jährige, die gelangweilt mit ihrem I-Phone spielt und deren Lieblingsessen nicht Pizza, Pommes und Spaghetti sind, sondern Sushi, «aber die mit dem Kaviar».

Der riesengroße Stolz und die ausdauernde Förderung schaden dem Nachwuchs, die Konkurrenz der Mütter überträgt sich auf die Kids. Häufig müssen sie zwar schon im Kindergartenalter Fremdsprachenkassetten hören, aber ganz normale Fertigkeiten haben sie nicht gelernt. Da gebe es 7-Jährige, die sich nicht die Schuhe binden könnten, weil Mutti das immer macht, erzählt mir ein Pädagoge. Hat dann das Verwöhnprogramm aus dem Liebchen ein nachifressendes, computerliebendes Monster gemacht, haben die Mütter sich endlich die Arbeit geschaffen, die sie gegen ihre latente Langeweile brauchen. Nun gilt es, das verwöhnte oder im allgemeinen Wettbewerb der Eltern entgleiste Kind wieder auf die Schiene zu bringen. Bei den Elternabenden an Schulen für größere Kinder, kurz vor oder bereits in der Pubertät, wird dann eher um die Wette gejammert. Das ganze Wochenende habe sie mit dem Sohn Französisch pauken müssen, stöhnt eine Mutter. «Nur ein Wochenende?», kontert die nächste, «wir sitzen jeden Tag zum Lernen zusammen!» Und das früher so reizende Sonnenscheinchen macht, was es will; auf jeden Fall mal das Handy aus, wenn es unterwegs von Mutter nicht erreicht werden mag.

9. Besser Gleichberechtigt

Das Leben der anderen

«Bea organisiert ihre Kinder weg, damit sie vormittags zum Sport gehen kann», sagt meine Freundin Suse vorwurfsvoll. Sie selbst schickt ihre gleich alten Kinder ebenfalls in Krippe und Kindergarten. Aber sie arbeitet schon wieder. Darüber ist sie auch froh, denn das Zuhause-Hocken hat ihr gar keinen Spaß mehr gemacht. Und Geld braucht sie auch. Aber: Darf man ein Kind in die Krippe oder den Ganztagskindergarten schicken, wenn die Mutter gar nicht arbeitet? – «Sind wir für Krippen, Ganztagskindergärten und -schulen oder dagegen?», frage ich. Denn wenn wir dafür sind, dann ist es doch für alle Kinder gut, dann ist die Betreuung doch keine Notlösung für arme Mütter, die arbeiten gehen müssen.

Die Tochter einer alleinerziehenden Freundin geht auf ein richtiges Ganztagsgymnasium. Die Ganztagsbetreuung gibt es nur für eine Klasse an einer staatlichen Schule. Als sie sich anmeldeten, mussten Mutter und Tochter ein Vorstellungsgespräch absolvieren. Es ist ein Schulversuch, bei dem es viel weniger Plätze als Interessenten gab. Das Kind konnte gute Noten vorweisen, eine lupenreine, die Selbstständigkeit fördernde, ganztagsbetreute Vor- und Grundschulkarriere («Ja, Herr Lehrer, sie macht ihre Hausaufgaben schon lange allein») und die Familie freute sich riesig, als das Kind angenommen wurde. Die Hausaufgaben werden in der Unterrichtszeit gemacht, es gibt Mittagessen und tolle Neigungsgruppen. «Wir haben es schon früh auf das Schulmodell der Zukunft geschafft», schwärmte die Freundin. Eine Rarität, ein Traum, viele andere Mütter, Kolleginnen, die mit Mittagessen und Hausaufgabenbetreuung jonglierten, beneideten sie darum. Doch schon bald gab es unter den Ganztagsschul-Müttern Diskussionen nicht alle waren sich sicher, ob das gewählte Angebot für ihre Kinder das Richtige wäre. Die Schüler jammerten, o Wunder. Sie wollten früher nach Hause, angeblich, um in Ruhe ihre Hausaufgaben zu machen. Von Fernsehen, Computerspielen und Telefonieren sagten sie nichts.

Eltern diskutierten darüber, ob sie bei der Direktorin vorsprechen sollten, damit die Schulzeit verkürzt werde. Und einige fanden interessante Argumente: «Ob es jedoch für jedes Kind wirklich das Beste ist, gut aufgehoben und betreut und zudem noch gesättigt bis 17 Uhr im Gymnasium auszuharren, bis die Mutter, der Vater oder beide von der Arbeit heimkommen, das wagen wir zu bezweifeln», schrieb eine der Mütter in einer E-Mail mit drohendem Unterton und fügte an: «... bei allem Verständnis für manche individuelle Familiensituation». Tja, man sieht, auch unter Rabenmüttern, die ihr Kind in eine Ganztagsschule wegorganisieren, gibt es eine Hackordnung. Eine Hierarchie mit ganz Schlimmen, die ihr Bestes und Liebstes möglichst lange in der Schule «ausharren» lassen wollen, und weniger Schlimmen, die sich mehr Zeit nehmen würden. Klar, welche in diesem Wettbewerb die Bessere ist?

«Frau Anwalt», erzählt mir die Erzieherin einer Kinderkrippe, «bringt ihr Kind sogar, wenn es Fieber hat, der ist ja wohl jeder Termin wichtiger.» Eine üble Mutter. Was ist eigentlich mit dem Herrn Anwalt, wollte ich wissen. Gearbeitet wird so ganz unter uns Frauen im Müttergemetzel mit einer der wirksamsten Methoden weiblicher Konkurrenz: der anderen ein schlechtes Gewissen einreden. Dieser Schwarze Peter haut jede um.

Dass Helen es jetzt auf eine Professur geschafft habe, sei ja nicht verwunderlich, meint eine meiner Bekannten, sie habe ja immerhin keine Kinder. Für Mütter sei es schließlich unmöglich, in der Wissenschaft etwas zu werden. Sollte da jemand Neid heraushören? Jedenfalls scheint es wohl keine so besondere Leistung für eine Frau zu sein, Professorin zu werden, wenn sie keine Kinder hat.

Und frau versteht es, den anderen das eigene Leben als strahlendes Glück zu verkaufen. Vor allem der Freundin. Maria zum Beispiel hat eine beeindruckende Karriere bei einer großen Lebensmittelfirma gemacht. Als Verpackungsingenieurin fliegt sie für den Konzern um die Welt, heute Moskau, morgen Barcelona. Ihre beste Freundin Claudia hat derweil zwei Kinder bekommen und arbeitet halbtags. Beide sehen sich nicht mehr so oft wie früher, irgendwann haben sie den Kontakt verloren. Claudia trägt die Mutterschaft stolz vor sich her. «Dies ist der Anrufbeantworter von der kleinen Luzia, dem wilden Leo...», heißt es da zum Beispiel. An der Wohnungstüre hängt ein buntes Bild, gemalt von dem begabten jungen Wilden, Leo. Zwischen Windeln und Kindergartenproblemen kennt Claudia nur noch wenige Themen. An Claudias 40. Geburtstag stand auf der Einladung, die Party beginne um 17 Uhr im Garten mit einem Laternenumzug zum Martinstag. Sie schreckte nicht davor zurück, alle erwachsenen Freunde zum Singen von saisonal obligaten Kinderliedern zu zwingen. Für Maria war das eine nervige Veranstaltung.

«Ach, du hast es gut, gleich gehst du wieder in deine stille aufgeräumte Designerwohnung», hat Claudia kürzlich zu Maria gesagt. Maria tut das weh, denn natürlich ist auch sie nicht sicher, ob sie die richtige Wahl getroffen hat. Ob sie vielleicht nicht doch noch irgendwann Kinder möchte? Sie empfindet Claudias überschwängliche Mütterlichkeit als ständiges Sticheln.

Was für eine Frau man auch ist, die mit der Karriere oder die mit dem Haushalt, manchmal ist es nur eine Frage der Zeit, bis sich das Leben ändert. Dafür muss man nicht auf die Rente warten oder bis die Kinder aus dem Haus sind. Der überzeugten Hausfrau kann die Scheidung drohen, der knallharten Karrierefrau eine Schwangerschaft oder Arbeitslosigkeit, der Teilzeitmutter ein tolles Jobangebot.

Und dann passiert, was einige prominente Beispiele eindrucksvoll vorführen. Etwa Marie Theres Kroetz-Relin, die vor einigen Jahren mit der «Hausfrauenrevolution» auf die Barrikaden ging. Nun sagt sie: «Ich bin damals aus meinem eigenen Notstand heraus aktiv geworden, habe ja auch die Konsequenzen daraus gezogen: Ich bin wieder berufstätig, ich habe ein Buch geschrieben, und ich habe die Scheidung eingereicht.» Über die Hausfrauen, für die sie sich einst lautstark einsetzte, sagt sie nun, ihnen drohe «Staubsauger-Lethargie». Umgekehrt, von Saula zu Paula, wandelte sich eine andere. Christa Müller, die Frau von Oskar Lafontaine, war vor einigen Jahren noch eine Polit-Karrierefrau zum Vorzeigen. Als Ökonomin verfasste sie zum Beispiel Wirtschaftsgutachten und mit ihrem Mann schrieb sie ein Buch zum Thema Globalisierung. Heute ist sie mit einem Sohn zur Vollblut-Mutter mutiert und reiht sich öffentlich ein in die Muttifront. «Dein Kind will dich» heißt ihr Buch zur eigenen Metamorphose und es richtet sich gegen den «Zwang zur Fremdbetreuung». Gegen diesen Zwang schwingt sie eindrucksvoll die Keule, schreckt selbst vor einem Vergleich mit der Beschneidung afrikanischer Mädchen nicht zurück: «Bei der Genitalverstümmelung handelt es sich um Körperverletzung, bei der Krippenbetreuung in einigen Fällen um seelische Verletzung – und das ist manchmal schlimmer als Körperverletzung.»

Was soll man dazu sagen? Dass sich Oskar Lafontaine freuen kann, dass er weitgehend aus der familiären Verantwortung ist und in Ruhe an seinem politischen Comeback basteln kann?

Warum müssen Frauen ständig versuchen, ihr eigenes momentanes Idealleben der anderen aufzudrängen? Warum machen wir die andere klein, schlecht? Das passiert doch vor allem dann, wenn man sich selbst unsicher ist, wenn man zweifelt, wenig selbstbewusst durchs Leben geht.

Zu unüberschaubar ist die Welt für uns Frauen geworden. Es gibt heute im Vergleich zur Generation unserer Mütter so viel mehr Möglichkeiten für Frauen, ihr Leben zu leben. Das Positive daran: Wir haben mehr Wahlfreiheit als unsere Müttergeneration, Auswege, Umwege, Ziele. Das Negative: Es ist verwirrend und schwer, den richtigen Pfad zu finden. Zweifel bleiben immer.

Ich erinnere mich noch an die Spielplatzzeit meiner Tochter. Damals war ich fest angestellte Ressortleiterin bei einer Zeitschrift, mit einer Teilzeitregelung, die es mir ermöglichte, mein Kind nicht als Letztes aus der Ganztagskita zu holen. Die schloss zwar erst um 17 Uhr, aber ab 15 Uhr war ständiges Abschiednehmen angesagt: Ich renne also regelmäßig von der Arbeit in den Kindergarten und dann zockeln wir zum Spielplatz, wenn es das Wetter nur irgendwie zulässt. Die Tochter will da hin, nämlich um genau die Kinder wieder zu treffen, mit denen sie schon den ganzen Tag oder zumindest den Vormittag verbracht hatte. Spielplatz muss sein. Im Gegensatz zur Tochter bin ich hier aber eine Außenseiterin. Ich könnte die Szene heute noch malen. Im Schatten einer großen Kastanie lagern die anderen Mütter auf Decken, sie tragen bequeme Hosen, Sweatshirts und Sonnenhüte, ich dagegen meine Business-Klamotten, sinke mit hohen Schuhen regelmäßig lächerlich im Sand ein. Ich habe eine Tasche mit Arbeitspapieren dabei und beobachte, wie die anderen Mütter aus ihren Beuteln Würstchen, Kuchen, Reiswaffeln, Tee, Kaffee und Limonade zaubern: «Warum», fragt plötzlich meine Tochter vorwurfsvoll angesichts des Schlaraffenlandes nebenan, «warum haben wir nie so etwas dabei?» – «Weil ich arbeite und keine Zeit habe, den ganzen Tag auf dem Spielplatz herumzuhängen», lautet meine ärgerliche Antwort. Ich bin neidisch. Ich liebe meine Arbeit und im Mutterschutz habe ich es kaum ausgehalten, in meinem kurzen Erziehungsurlaub freiwillig schon wieder ein paar Geschichten geschrieben. Ich würde nie tauschen wollen mit den Hausfrauen. Trotzdem bin ich in diesem Moment neidisch auf das Leben auf einer Decke unter einer Kastanie mit Würstchen und Kuchen. Ich denke: «Die liegen fast den ganzen Tag richtig faul rum und ich zahle deren Ehegattensplitting mit meinen Steuergeldern, außerdem könnten die sich mal saubere Klamotten anziehen.»

Wahrscheinlich war es dieser Zweifel, der die ehemalige Nachrichtensprecherin Eva Herman dazu brachte, ihr kleines Skandalbuch zu schreiben. Ein wenig seltsam, diese Forderung nach einem Mehr an Hausfrau, angesichts der Tatsache, dass die Protagonistin nie auf die Karriere verzichtet hat. Vielleicht hat sie, so wie ich, manchmal auf Spielplätzen die anderen Frauen beneidet. Sie meint jedenfalls: «Wenn wir uns zu unserem Frausein bekennen und unserer Weiblichkeit folgen, werden viele Entscheidungen wesentlich einfacher, weil sie vorgezeichnet sind.» Das wäre also ein Rezept: Weg mit der Entscheidungsfreiheit und wieder zurück zu dem Leben unserer Mütter. Da kommt diese Sehnsucht nach den guten alten Werten hoch, als die Rolle der Frau noch klar festgelegt war. In der Soziologie nennt man so etwas Backlash, die Rückkehr konservativer, revisionistischer Wertvorstellungen.

Solch eindeutige Bestimmung wie anno dazumal hat heute keine mehr von uns. Dafür eben die Qual der Wahl und viele Vergleichsmöglichkeiten: Vielleicht hat doch die andere die Wahrheit in der Tasche und die bessere Entscheidung getroffen. Vielleicht wäre es tatsächlich besser für mein Kind, ich würde nur Teilzeit arbeiten? Vielleicht werde ich es bereuen, die Beförderung ausgeschlagen zu haben, die Karriere nicht gemacht zu haben? Vielleicht hätte ich mich nicht von meinem Mann trennen sollen, obwohl die Liebe schon lange abhandengekommen war und ich überzeugt bin, dass man nicht nur um der Kinder willen zusammenbleiben sollte? Vielleicht hätte ich früher heiraten und Kinder bekommen sollen? Vielleicht bin ich zu lange im Büro und vernachlässige meine Familie? Fragen über Fragen, Unsicherheit, Selbstzweifel, Angst. Wir verschwenden unsere Energie an den Neid auf die anderen und an das schlechte Gewissen aller Mütter. Und um uns auf unserem eigenen Weg stabiler zu fühlen, machen wir Abzweigungen schlecht. Muss denn Gabi, obwohl sie drei Kinder hat, auch noch Managerin sein, die ist ja ständig völlig fertig? Was macht Birgit eigentlich den ganzen Tag zuhause, wenn Luis im

Kindergarten ist? Ach, sie geht ins Fitness-Studio. Kann Heide mit diesen lächerlichen Nebenjobs zufrieden sein? Warum hat Fabienne immer noch keine feste Beziehung, oder Svenja keine Kinder? Wir räumen also die Frauen in Schubladen, auf denen zum Beispiel «Rabenmutter» steht oder «Hausfrau», «Sozialfall», «Spätgebärende», «beziehungsunfähig», «karrieregeil» und so weiter. Wenn alle schön kategorisiert sind, wird unser Leben einfacher, es scheint da einen schönen klaren Weg durch das Chaos der Wahlmöglichkeiten zu geben. Nämlich den eigenen – der nun im Vergleich zu den vielen Alternativen strahlend glänzt. «Alles Schlampen außer ich!»

Das Märchen von der Emanzipation

Doch es gibt noch einen anderen Grund für diesen Konkurrenzkampf: dieses typisch weibliche Gefühl, der Kuchen sei nicht groß genug für alle. Jede fürchtet, die andere könnte ihr etwas stehlen, es reiche niemals für uns alle. Männer dagegen glauben an die Unendlichkeit der Ressourcen und verteilen sie großzügig. Untereinander. Nicht umsonst habe ich immer das Gefühl, dass ihnen unsere Weiber-Konkurrenz um das richtige, perfekte Leben völlig egal ist, sie sich womöglich heimlich ins Fäustchen lachen. Nach dem Motto: Lasst die Mädels nur zicken. Wie schön, wenn sich da welche für die altbackene Hausfrau starkmachen. Wie reizend, wenn darum gestritten wird, ob ein Kind mit ein, zwei oder drei Jahren in die Kita darf, ob vier, fünf oder acht Stunden zu viel sind. Ob Kindergeld oder Betreuungsgeld besser ist.

Die Wahrheit ist: Frauen befürchten es in diesem Bereich nicht nur; hier ist der Kuchen tatsächlich zu klein. Es herrscht überall Mangel. Etwa an Kinderkrippen und Ganztagsschulen, an Teilzeitarbeitsplätzen, an Karrieremöglichkeiten. Und vor allem schlicht an Geld. Frauen verdienen selten genug, um sich die Lebensform aussuchen zu können, die sie möchten. Erwartet ein Paar Nachwuchs, wird knallhart gerechnet, und die Formel lautet meist: Der Mann verdient mehr. Also: Die Frau bleibt zuhause, erst mal, oder geht zumindest in Teilzeit. Solange Frauen trotz gleicher Ausbildung und Berufserfahrung weniger verdienen, wird sich nicht viel ändern. Wenn wir ständig untereinander in Konkurrenz um die beste Lebensform stehen, verlieren wir das eigentliche Ziel aus den Augen.

Das Geld ist kein kleines Problem bei der Gleichberechtigung. Da, wo wir jetzt stehen, haben wir eher eine Befreiung des Mannes als der Frau erreicht. Dem Mann ist die Last genommen, der alleinige Ernährer der Familie zu sein; er darf sich Zeit nehmen für die Kids, wenn er will. Und wenn er obendrein auch noch mag, kann er sich am Haushalt beteiligen. Das alles kann er aber viel freier wählen als eine Frau.

In den letzten Jahren war die sogenannte Lohnlücke zwischen Männern und Frauen in Deutschland eine der höchsten in der EU. Und im Unterschied zu vielen anderen Mitgliedsstaaten ist sie hier nicht zurückgegangen. Im Durchschnitt verdienen vollzeitbeschäftigte Frauen in Deutschland 28 Prozent weniger als ihre männlichen Kollegen, so Corinna Kleinert vom Institut für Berufs- und Arbeitsmarktforschung (IAB), also mehr als ein Viertel weniger. Selbst die wenigen hochqualifizierten Frauen, die es in Führungspositionen schaffen, müssen dort Gehaltsverluste hinnehmen.

Grundsätzlich starten gut ausgebildete Frauen und Männer ziemlich gleichberechtigt ins Berufsleben, so das IAB. Spätestens mit Mitte dreißig bleiben die Frauen dann, was Geld und Karriere angeht, auf der Strecke. Und zwar nicht nur Frauen, die Mütter geworden sind, sondern auch kinderlose. «Diese Zahlen zeigen nicht nur, dass Kinder und Karriere sich nach wie vor nicht gut miteinander vertragen, sondern auch etwas anderes: Kinder alleine können diese Alterseinbrüche nicht erklären, denn viele karrierebewusste Frauen bekommen heute keine Kinder mehr», sagt Expertin Kleinert vom IAB. Alleine das Alter, in dem die Möglichkeit groß ist, Kinder zu bekommen, macht Frauen zu Risikokandidatinnen, wenn es um Rekrutierungen oder Beförderungen auf hohe Positionen geht. Dies zeigten übereinstimmend eine große Anzahl von empirischen Studien. In der Forschung werde dieses Phänomen «statistische Diskriminierung» genannt. Unabhängig von ihren individuellen familiären Plänen werden Frauen für hohe Positionen oft nicht berücksichtigt, einfach weil sie kollektiv im Verdacht stehen, aufgrund von Kindern auszufallen. Und später dann sind wir zu alt, nicht nur für die Kinder, sondern auch für die Karriere. Das bedeutet schlicht, alle Frauen sind im Vergleich zu Männern benachteiligt, ob Mutter oder kinderlose Karrierefrau. Man stelle sich nur mal vor, eine andere gesellschaftliche Gruppe verdiene – egal in welchem Job oder in welcher Gegend – immer weniger als die anderen. Meinetwegen alle Bayern, oder alle Schnurrbartträger. Oder gar alle Väter? Was da wohl los wäre!

Wir sitzen eigentlich alle in einem Boot und schubsen uns gegenseitig herum, während es sich die Männer weiterhin auf der Kommandobrücke bequem machen.

Warum lassen wir uns das immer noch gefallen? Warum ist dieser ganze Wettbewerb um Lebensformen eigentlich ein Frauenthema? Dahinter steckt das Märchen von der Emanzipation. Die in Wirklichkeit stagniert. Männer werden Väter oder nicht, niemand zweifelt ihre Qualifikation an, wenn sie keine Kinder haben. Von Rabenvätern habe ich noch nicht viel gehört, auch das Wort Karriere-Väter ist mir nicht geläufig. Gelegentlich erfährt man von Hausmännern, die allerdings kaum in Talkshows dafür streiten, dass ihre Geschlechtsgenossen ebenfalls in Scharen Heim und Herd hüten sollen. Wo sind sie, diese neuen Männer, die in der Familie gleichberechtigt sind? Es gibt sie leider gar nicht, so auch das Ergebnis aktueller Forschungen. «Es besteht eine große Diskrepanz zwischen Verhalten und Einstellung», sagt Professor Andreas Lange vom Deutschen Jugendinstitut in München. Einerseits sei aktive Vaterschaft gesellschaftlich hoch angesehen, andererseits gebe es eine «unglaubliche Verhaltensstarre».

Untersuchungen belegen, dass junge Väter nach dem ersten Kind sogar mehr arbeiten als vorher. Wie früher ihre Väter, sehen sie sich immer noch in der Rolle des Ernährers und meinen: Jetzt ist erst recht Geldverdienen angesagt. Auch an Hausarbeit und Kindererziehung beteiligen sie sich noch lange nicht so, dass wissenschaftlich von einem Aufbruch gesprochen werden könnte, meint der Experte. Aber wir Frauen streiten lieber untereinander, wer eine gute Mutter ist, statt uns endlich mal das Konzept Eltern vorzunehmen.

Wir lassen die Männer ungeschoren in ihrer alten Rolle, weil wir viel zu sehr damit beschäftigt sind, uns gegenseitig schlechtzumachen. Diese Männer-Rolle sieht aber zum Beispiel der Berliner Soziologieprofessor Hans Bertram als «Kernproblem der modernen Familie». Frauen werden sich nie frei für einen Lebensentwurf entscheiden können, solange die Männer nicht vor den gleichen Entscheidungen stehen. Darauf kommt es an.

Es ist zwar wahr, dass sich die Frauenrolle in den letzten Jahrzehnten sehr verändert hat. Aber sind wir wirklich schon am Ziel? Die wenigsten von uns haben tatsächlich die freie Wahl, was ihre Lebenspläne angeht. Sie verdienen zu wenig, um sich für Karriere statt für Kinder zu entscheiden. Sie finden keine Betreuung für die Kinder, um sich richtig im Beruf zu engagieren. Sie stoßen in den Betrieben weiterhin an die gläserne Decke, über der die Welt oberhalb des mittleren Managements beginnt und durch die die meisten Frauen höchstens gucken dürfen. Von Wahlfreiheit kann da noch lange keine Rede sein. Wenn wir uns nur gegenseitig die Köpfe einschlagen, bringt uns das nicht weiter.

Ja, auch die gute klassische Hausfrau bekommt nur die Vergünstigungen, die ihr die Männer zugestehen. Und verliert, was Männern nicht passt; etwa ihr Recht auf lebenslangen Unterhalt. Für eine Frau, die jahrzehntelang ausschließlich Familienarbeit geleistet hat, eine solche Katastrophe, dass sogar die altfeministische Zeitschrift «Emma» Mitleid hatte. Das Ehegattensplitting, mit dem der vollzeitarbeitende, gut verdienende Mann seine Frau als Haushälterin steuerlich absetzen kann, bleibt dagegen immer noch erhalten. Ist doch günstig; fragt sich nur, für wen!

Die Rivalität zwischen Frauen erhält hier nur den Status quo aufrecht. Und der verhindert, dass wir mehr Einfluss auf unser Leben – eben unsere Arbeitsbedingungen und unsere privaten Beziehungen – gewinnen. Auf dem Schlachtfeld um den besten Lebensplan, in Konkurrenz um den richtigen Weg, müssten wir wohl erst einmal dafür sorgen, dass wir wirklich freie Entscheidungsmöglichkeiten haben. Das heißt, auch mal mit den Männern zu streiten. Bevor wir versuchen, uns angesichts der Überforderung zwischen Karriere, geringem Lohn und Kindern gegenseitig einzuschränken und nach alten Werten zu schreien. Wir wollen doch nicht wirklich zurück, zu früheren Zeiten?

Es ist noch nicht so lange her, dass es für eine Frau nur wenig Auswahl gab, ihr Leben zu leben. Vor einigen Jahren traf ich auf einer Fernreise im Flugzeug meine Mathelehrerin aus dem Gymnasium. Sie war in der Schule ein von vielen Kids gefürchteter Drache gewesen, ich war eine der wenigen, die sie mochte. Schon allein für ihren auffälligen Schuhtick liebte ich sie, «Fräulein F.», wie sie genannt wurde, hatte mindestens hundert Paar und trug gewagte rote High Heels – zum Umfallen sophisticated. Im Flugzeug erzählte ich ihr, dass ich Journalistin geworden bin und über diese Reise eine Geschichte schreiben werde. «Ach, wie schön», meinte sie, «das wäre aber auch was für mich gewesen, oder in der Forschung zu arbeiten und zu reisen», träumte die Globetrotter-Rentnerin plötzlich vor sich hin. «Aber warum sind Sie es denn nicht geworden, Frau F.?» Ich war wirklich so naiv, das zu fragen; immerhin hatte sie ja Mathematik studiert. «Mädchen», sagte sie gedehnt, und erklärte mir dann, dass ihre Eltern ihr überhaupt kein Studium erlauben wollten. Die hatten vielmehr geplant, dass die junge Frau mit den großen Träumen, den Flausen im Kopf, heiratet und Kinder bekommt. Das Einzige, was sie damals gegen sehr großen Widerstand durchsetzen konnte, war ein Studium fürs Lehramt, das haben die Eltern dann murrend bezahlt. «Ich hasste es, Lehrerin zu sein», gestand sie mir, «ich mochte diese ganzen schrecklichen Schüler nicht. Brrr!» Aber dieser Beruf war der einzige, der ihr, der Frau, die unabhängig und frei sein wollte, damals zugestanden wurde. Geheiratet hat sie auch nie, vielleicht aus Trotz, vielleicht aus Furcht, noch abhängiger zu werden. Ihr Leben lang hat sie gespart, für die Zeit, wenn sie in Rente ist. Seitdem reist sie durch die Welt, allein, mutig, selbstständig, niemals mit einer Charter-Tour. Endlich kann sie tun, was sie will.

Feminismus oder die Suche nach der perfekten Welle

Kaum vorstellbar, dass heute noch eine Frau in Deutschland gezwungen wird, Mathelehrerin zu werden. Pilotin, Verfassungsrichterin oder Bundeskanzlerin, nichts ist mehr unmöglich für uns Frauen. Das und vieles mehr haben wir natürlich auch dem jahrzehntelangen Kampf der Frauenbewegung zu verdanken. Eine Bewegung, die allerdings kaum noch vorhanden ist. Vor allem weil Frauen, die unter dem Label «Feminismus» auftreten, zurzeit nichts Besseres zu tun haben, als sich gegenseitig zu bekämpfen. Sie ringen viel mehr um öffentliche Anerkennung, als sich für Gleichberechtigung einzusetzen, sich politisch zu engagieren. Gerade jetzt, gerade an einem Punkt, an dem Frauen wieder mit vereinter Kraft für ihre Rechte streiten müssten, geht es vor allem um eines: Wer ist die beste Feministin?

Wer sich mit dem Gerangel der Frauen über einen neuen Feminismus auseinandersetzen will, kommt natürlich an einer nicht vorbei: Alice Schwarzer, der Frontfrau des deutschen Feminismus. In deren Zentralorgan, der Zeitschrift «Emma», scheiterte gerade der Generationswechsel fulminant. Nach dreißig Jahren als multiple Chefin des Blattes hatte Alice Schwarzer sich dazu durchgerungen, zumindest die Chefredaktion an eine Jüngere abzugeben. Herausgeberin und Verlegerin wollte sie weiter bleiben. «Jetzt freu ich mich wahnsinnig, … dass Emma Anfang nächsten Jahres, spätestens im Frühling, eine neue Chefredakteurin bekommt», so Medienstar Schwarzer im Dezember 2007 an einem der Orte, wo sie besonders gerne etwas verkündet: in einer Talkshow. So eine Überraschung, wer hätte gedacht, dass sie freiwillig den Chefposten räumt.

Doch die Freude währte nicht lange, der Frühling war kaum vorbei, da war die neue Emma-Chefin Lisa Ortgies auch schon wieder weg. Sie habe in den zwei Monaten als Leiterin der Redaktion eigene Themen und notwendige Veränderungen nicht durchsetzen können, behauptete Ortgies; die Neue habe die Truppe nicht führen können, konterten die Emmas, die Emma-Redaktion stellte sich hinter ihre Übermutter Alice. Da kommt trotzdem die Vermutung auf, dass ein Prada-Teufel nicht unbedingt hohe Schuhe tragen muss, jedenfalls wird Bascha Mika, Autorin der Biographie «Alice Schwarzer», dazu mit wenig freundlichen Worten im Rundfunk zitiert: «Ich glaube, keine einzige Medienfrau dieser Republik, die die beiden kennt, wäre auf die Idee gekommen, dass das ein gutes Gespann ist. Lisa Ortgies, Mutter von zwei Kindern und eine Frau, die sicherlich weiß, was sie will, mit einer Alice Schwarzer, die keine andere Frau neben sich duldet.» Scheint so, dass es in Deutschland keine Nachfolgerin für die eine Oberfeministin gibt.

Immerhin hatten die Medien welche ausgemacht. «Der Spiegel» erfand die «Alpha-Mädchen», und unter diesem Etikett schrieben drei junge Frauen ein Buch zum Thema Feminismus; Meredith Haaf, Susanne Klinger und Barbara Streidl verneigten sich darin vor allem vor großen Vorbildern, auch vor Alice Schwarzer, der Chefin der deutschen Bewegung. In einigen Punkten hatten sie eine andere Meinung, so zu den Themen Pornografie, Musik oder zur Prostitution etwa. Zwei andere Autorinnen, Elisabeth Raether und Jana Hensel, nannten sich «Neue Deutsche Mädchen» und erzählten in ihrem Buch davon, wie sie unsicher und hilflos durch die Welt der vielen Möglichkeiten staksen, die sich Frauen heute bieten. Das klang zwar wenig emanzipiert, aber alle diese «Mädchen», zwischen 25 und 40 Jahre alt, wurden von den Medien zur dritten Welle des Feminismus hochstilisiert. Das muss die einzig Wahre, Alice Schwarzer, geärgert haben.

Denn mit diesen «späten Mädchen und Propagandistinnen eines Wellness-Feminismus», die für «Fair-Trade-Puffs» sind und finden, sogenannte «Sexarbeit» sei ein Job wie jeder andere, «ja, sogar ein besonders vergnüglicher und gut bezahlter», will sie nichts zu tun haben. Das sagte sie nicht nebenbei in einem Interview, sondern verkündete es an sehr prominenter Stelle, als ihr der Ludwig-Börne-Preis verliehen wurde: «Und sie lieben ‹geile Pornos›, schimpfte sie in ihrer Rede zum Preis weiter und spricht von Verluderung des Feminismus und Kaltherzigkeit. Schwarzer ist offenbar auf eines aus: ganz schnell die Diskussion zu beenden. Sie sieht offenbar nicht den winzigsten gemeinsamen Nenner, nicht mal zum Streit um die richtige Position.

Was ist los? Warum nun auch noch diese Konkurrenz um den wahren, wirklichen Feminismus? Warum konnte die im Kampf erfahrene und erprobte Schwarzer diese älteren Mädchen nicht an die Hand nehmen, Meinungsunterschiede tolerierend, mit ihnen für die Gleichberechtigung streiten? Es gibt einige Berührungspunkte und es wäre doch gut, gäbe es noch ein paar mehr anerkannte Feministinnen im Land.

«Ich will, dass diese internen Meinungsverschiedenheiten fortbestehen. Ich will, dass um diese Positionen gerungen wird wie eh und je», schreibt zum Beispiel die junge amerikanische Feministin Lisa Jervis in «MS.», der amerikanischen Emma, zitiert in der deutschen Emma, dem Zentralorgan von Alice Schwarzer. Jervis' Forderung nach Einigkeit zwischen den verschiedenen

Generationen oder Wellen wurde allerdings unter der kurzen Ägide Ortgies' ins Blatt gehoben, vielleicht war Schwarzer gar nicht dieser Meinung? «Wir wollen alle dasselbe», meint jedenfalls Jervis, «wir wollen Gender-Gerechtigkeit.» An realen Ungerechtigkeiten gebe es wirklich ausnahmsweise mal genug – für alle Frauen.

Warum nur diese knallharte Absage Schwarzers an die Jungen, fragte man sich. Hier tobe der Kampf zwischen den Generationen, vermuten viele. Die jüngeren Frauen planten einen Muttermord, urteilt etwa die Berliner TAZ. Die sexy Jugend sei sich der Aufmerksamkeit des männlichen Blicks sicher. Da ist es wieder, das Klischee, wonach Frauen eigentlich immer nur um die Zuwendung der Männer buhlen, und dabei könne nur «jung, weiblich, sexy» gewinnen. Doch in diesem Wettbewerb hat eine schon längst gewonnen, nämlich «älter, weiblich, bekannt». Alice Schwarzer ist sich nicht nur der Aufmerksamkeit der Männer sicher, sie hat auch längst ihre Anerkennung gewonnen. An ihr will kein Mann vorbei, selbst TV-Moderator Harald Schmidt, der gerne mal mit frauenfeindlichen Macho-Sprüchen unter die Gürtellinie von sich reden macht, huldigt ihren Erfolgen. Alle Männer wollen Alice hören. Zu Recht, und das ist gut so, denn hier ist eine, die wirklich Einfluss hat. Aber warum nur eine?

In zehn, nein, in drei Jahren wird niemand mehr den Namen irgendeines neuen deutschen Alphamädchens kennen, aber Alice Schwarzer wird immer noch die Türsteherin des Feminismus sein. Sie genießt die Prominenz als bekannte deutsche Kämpferin für Frauenrechte, flirtet mit Günther Jauch oder Johannes B. Kerner, sonnt sich in ihrem Ruhm. Natürlich immer für die gute Sache. Sie sagt aber, sie spreche nur für sich: «Ich bin nicht die

Vorsitzende eines Vereins und auch nicht die Kanzlerin, ich bin nicht die Feministin vom Dienst und auch nicht die Führerin der Frauenbewegung.» Sie sei deshalb nicht abzusetzen. Wahrscheinlich muss sie darum auch keine Nachfolgerinnen aufbauen, wie es jeder Chef einer Bewegung irgendwann tun muss.

Warum erinnert mich das an das Konkurrenzverhalten der *Queen Bee*, die bereits erwähnte Bienenkönigin, die als Alibifrau das männliche System stabilisiert, indem sie andere nachrückende Frauen besonders hart beurteilt? Warum muss ich hier an destruktive Konkurrenz denken, an eine, die das Gespräch einfach beendet? Inhaltlich ist jedenfalls nicht viel herübergekommen bei diesem angeblichen Feministinnenstreit.

Ein wichtiges Zitat wird Alice Schwarzer zugesprochen: «Die Versöhnung der Frauen mit den Männern ist nicht die erste Etappe des Feminismus, sie ist die zweite. Der erste Schritt ist die Versöhnung der Frauen mit den Frauen.» Ob wir da im Moment auf dem richtigen Weg sind? Oder uns doch eher gegenseitig mit heimlicher Konkurrenz und falscher weiblicher Rivalität im Wege stehen? Für die Versöhnung unter Frauen gibt es einiges zu tun. Wann fangen wir damit an?

10. Verwendete Literatur

Elisabeth Auhagen, «Freundschaft im Alltag, eine Studie mit Doppeltagebuch», Huber-Verlag, Bern 1991.

Joachim Bauer, «Prinzip Menschlichkeit – Warum wir von Natur aus kooperieren», Verlag Hoffman und Campe, Hamburg 2006.

Anja Busse, «Zicken unter sich – Konflikte und Lösungen im weiblichen Konkurrenzkampf», Verlag Orell Füssli, Zürich 2004.

Anja Busse, «Interfeminine Konflikte und Kommunikationsprobleme in Unternehmen – Untersuchungen zur sogenannten Stutenbissigkeit und Ausarbeitung eines interfemininen Konfliktmanagments mit Hilfe der Rhetorik», Der Andere Verlag, Tönning 2004.

Stefanie Dracker und Barbara Werner, «Du bist wie ich, nur anders. Das einzig wahre Freundinnen-Buch», Eichborn Verlag, Frankfurt 2004.

Phyllis Chesler, «Woman's Inhumanity to Woman», Nation Books, New York 2001.

Michaela Huber, Inge Rehling, «Dein ist mein halbes Herz», Fischer Verlag, Frankfurt a.M. 1989.

Monika Keuthen, «Achtung: Kollegin. Wie Frauen mit weiblicher Konkurrenz souveräner umgehen können», Kösel Verlag, München 2004.

Studie «Frauen auf dem Sprung», Brigitte 2008.

Valerie Miner, Helen E. Longino (Hg): «Konkurrenz – Ein Tabu unter Frauen», Frauenoffensive, 1990.

Kurt Theodor Oehler, «Rivalität und wie man richtig damit umgeht», Beck'sche Reihe, C.H. Beck Verlag, München 2003.

Susie Orbach, Luise Eichenbaum: «Bitter und Süß – Frauenfeindschaft – Frauenfreundschaft», Econ Verlag, Berlin 1987.

Leora Tanenbaum, «Catfight», Ariston Verlag, München 2004.

Debra Trampe in: «Journal of Personality and Social Psychology», 92/2007.